Ullstein Sachbuch

Jiddu Krishnamurti

Aus dem Schatten in den Frieden

Reden

Ullstein Sachbuch

Ullstein Sachbuch
Ullstein Buch Nr. 34371
im Verlag Ullstein GmbH,
Frankfurt/M – Berlin
Englischer Originaltitel:
The Flame of Attention
Übersetzt von Hedda Pänke

Deutsche Erstausgabe

Umschlaggestaltung:
Atelier Noth + Hauer
unter Verwendung eines Fotos
des Ullstein Bilderdienstes
Alle Rechte vorbehalten
© 1983 by Krishnamurti Foundation Trust, Ltd.,
London
© der deutschen Ausgabe 1987 by Verlag
Ullstein GmbH, Frankfurt/M – Berlin
Printed in Germany 1987
Gesamtherstellung:
Ebner Ulm
ISBN 3 548 34371 6

Februar 1987

Vom selben Autor
in der Reihe der
Ullstein Bücher:

Einbruch in die Freiheit (34103)

CIP-Kurztitelaufnahme
der Deutschen Bibliothek

Krishnamurti, Jiddu:
Aus dem Schatten in den Frieden: Reden /
Jiddu Krishnamurti. [Übers. von Hedda
Pänke]. – Dt. Erstausg. – Frankfurt/M;
Berlin: Ullstein, 1987.
   (Ullstein-Buch; Nr. 34371: Ullstein-
   Sachbuch)
   Einheitssacht.: The flame of
   attention <dt.>
   ISBN 3-548-34371-6
NE: GT

Inhalt

Wahrnehmung – eine Flamme der Aufmerksamkeit –
fegt den Haß hinweg.

Brockwood Park, 28. August 1982

Wahrnehmung ist wie eine Flamme der Aufmerksamkeit;
durch diese Fähigkeit zur Wahrnehmung
werden all die Verletzten, der Schmerz,
der Haß einfach weggebrannt.

Brockwood Park, 29. August 1982

1

Neu-Delhi

Ich möchte darauf hinweisen, daß wir keinerlei Propaganda für einen Glauben, ein Ideal oder eine Organisation machen. Gemeinsam wollen wir das betrachten, was außerhalb von uns selbst in der Welt vorgeht, und zwar nicht aus einem indischen, europäischen, amerikanischen oder sonst irgendeinem nationalen Blickwinkel. Werfen wir also gemeinsam einen Blick auf unsere Welt, aber doch nicht so, als wären wir eines Geistes. Es ist ein Unterschied, eines Geistes zu sein oder gemeinsam zu denken. Eines Geistes zu sein hieße, bestimmte gemeinsame Überzeugungen und Konzepte gefunden zu haben. Aber gemeinsam zu denken ist ganz etwas anderes. Gemeinsam zu denken heißt, daß Sie und der Redner sich verpflichten, objektiv und unpersönlich an das Geschehen heranzugehen. Denken wir also gemeinsam. Der Redner verfügt, auch wenn er bequemerweise auf einem Podium sitzt, über keinerlei besondere Autorität. Dieser Punkt muß ganz klar sein: Er versucht nicht, Sie von irgend etwas zu überzeugen. Er verlangt nicht, daß Sie ihm folgen. Er ist nicht ihr Guru. Er tritt für kein besonderes System, keine bestimmte Philosophie ein, sondern dafür, daß wir gemeinsam wahrnehmen, was geschieht – wie Freunde, die sich schon lange kennen und nicht nur ihre privaten Sorgen miteinander besprechen, sondern auch gemeinsam diese Welt betrachten, die aus den Fugen geraten zu sein scheint.

Die Welt rüstet auf, unvorstellbare Summen werden ausgegeben, um Menschen zu vernichten – ob sie nun in Amerika, Europa, Rußland oder hier leben. Die Welt befindet sich auf einem unheilvollen Kurs, und die Politiker sind offenbar nicht in der Lage, ihn zu korrigieren. Auf sie können wir uns nicht verlassen; auch nicht auf die Wissenschaftler, die im Wettstreit miteinander dazu beitragen, den militärischen Komplex aufzubauen. Auch auf die sogenannten Religionen können wir uns nicht verlassen; sie repetieren inzwischen nur noch Worte ohne jede Bedeutung. Sie haben sich zu reinem Aberglauben entwickelt, der nur den Traditionen folgt, ob nun seit 500 oder 2000 Jahren. Wir können uns also weder auf die Politiker verlassen, die überall in der Welt nur ihre Macht zu erhalten trachten, noch auf die Wissenschaftler, die jedes Jahr oder gar jede Woche neue Formen der Zerstörung erfinden, noch auf irgendeine Religion. Sie werden dieses menschliche Chaos nicht überwinden.

Was soll der Mensch aber tun? Handelt es sich um eine intellektuelle Krise, um eine wirtschaftliche oder eine nationale – die all die Armut, Konfusion, Anarchie, Gesetzlosigkeit, den Terrorismus und die ständige Gefahr, auf der Straße einer Bombe zum Opfer zu fallen, bewirkt? Was ist unsere Pflicht angesichts all dessen? Sind Sie betroffen von dem, was in der Welt geschieht? Oder sind Sie lediglich an Ihrem eigenen privaten Seelenheil interessiert? Bitte erwägen Sie das alles sehr ernsthaft, damit Sie und der Redner objektiv betrachten können, was vor sich geht – und zwar nicht nur in der Außenwelt, sondern auch in unserem Bewußtsein, unserem Denken, in der Art, wie wir leben. Wenn Sie kein Interesse für die Welt aufbringen, sondern nur Ihr persönliches Heil im Sinn haben, wenn Sie bestimmten Überzeugungen und Aberglauben oder Gurus folgen, dann fürchte ich, wird es für Sie und den Redner unmöglich sein, wirklich miteinander zu sprechen. Darüber müssen wir uns ganz klar sein. Wir sind keineswegs nur um privates, persönliches Heil besorgt – wir sind ernsthaft darum besorgt, was aus dem menschlichen Geist geworden ist, in welcher Situation sich die Menschheit befindet. Wir sind als Menschen besorgt, nicht als Wesen einer bestimmten Nationalität. In unserer Besorgnis geht es uns um diese Welt und darum, was ein Mensch, der in dieser Welt lebt, zu tun hat, was seine Rolle ist.

Jeden Morgen ist in der Zeitung von irgendeiner Form von Mord zu lesen, von Bombenanschlägen, Zerstörung, Terrorismus und Entführung. Sie lesen das Tag für Tag und widmen ihm nur wenig Aufmerksamkeit. Wenn es Ihnen jedoch persönlich zustößt, sind Sie verwirrt und bestürzt und verlangen von anderen – der Regierung oder der Polizei –, Sie zu retten und zu schützen. Wenn Sie dieses unglückliche Land mit offenen Augen betrachten, so wie es der Redner in den vergangenen 60 Jahren getan hat, sehen Sie die Armut, die scheinbar nicht zu beseitigen ist, die Überbevölkerung, die sprachlichen Unterschiede, die Versuche dieser oder jener Gemeinschaft, sich abzusondern, die religiösen Unterschiede, die Gurus, die enormen Reichtum anhäufen und in ihren Privatflugzeugen reisen und die Sie blindlings akzeptieren. Und dann erkennen Sie, daß Sie nicht in der Lage sind, irgend etwas dagegen zu unternehmen. Das ist eine Tatsache. Wir haben es nicht mit Vorstellungen zu tun, sondern mit Tatsachen, mit Dingen, die tatsächlich geschehen.

Und wenn wir gemeinsam den Zustand der Welt betrachten und wirklich wahrnehmen wollen, müssen wir vom Nationalismus frei sein. Wir sind Menschen und miteinander verwandt, wo immer wir auch leben. Bitte sehen Sie ein, wie dringlich das alles ist. Denn die Menschen in diesem Land sind lethargisch geworden, absolut indifferent gegenüber den Ereignissen und höchst sorglos, nur befaßt mit ihrem eigenen kleinen Seelenheil und Glück.

Wir leben durch das Denken. Was ist dieser Prozeß des Denkens, was sein Inhalt? All die Tempel resultieren aus dem Denken. Und das geht innerhalb der Tempel weiter: Die Bildnisse, die Pujas, all die Zeremonien sind Ergebnisse des Denkens. All die heiligen Bücher – die Upanischaden, die Gita und so weiter – sind Resultate des Denkens, Ausdrücke des Denkens in Buchform, um das zu vermitteln, was ein anderer erfahren oder worüber er nachgedacht hat. Aber das Wort ist nicht heilig. Kein Buch der Welt ist heilig – es ist das Resultat menschlichen Denkens, mehr nicht. Wir verehren den Intellekt. Es heißt, die Intellektuellen seien anders als Sie und ich, die wir keine sind. Wir respektieren ihre Konzepte, ihren Intellekt. Man geht davon aus, daß der Intellekt unsere Probleme lösen wird. Aber das ist nicht möglich. Das wäre, als würde man einen Arm über seine dem Körper angepaßten Proportionen hinaus entwickeln. Weder der Intellekt noch die Emotionen noch romantische Sentimentalität werden uns helfen. Wir müssen die Dinge sehen wie sie sind, sie sehr genau betrachten und die Dringlichkeit erkennen, sofort etwas zu unternehmen. Wir dürfen das nicht den Wissenschaftlern, den Politikern und den Intellektuellen überlassen.

Betrachten wir also zunächst, was aus dem menschlichen Bewußtsein geworden ist. Denn unser Bewußtsein, das sind wir. Was Sie denken, was Sie empfinden, Ihre Befürchtungen, Ihre Freuden, Ihre Ängste, Ihre Unsicherheiten, Ihr Unglücklichsein, Ihre Depressionen, Liebe, Schmerz, Trauer und schließlich die Furcht vor dem Tod sind der Inhalt des Bewußtseins – das sind Sie, das ist das menschliche Wesen. Wenn wir diese Bewußtseinsinhalte nicht begreifen und –

wenn möglich – über sie hinausgelangen, werden wir kaum in der Lage sein, ernsthaft zu handeln und eine grundsätzliche Veränderung unseres Bewußtseins zu erreichen.

Um richtig handeln zu können, müssen wir den Inhalt unseres Bewußtseins erkennen. Ist das Bewußtsein eines Menschen konfus, unsicher, bedrückt, stürzt er von einer Stimmung in die andere, dann wird dieser Mensch immer konfuser, unsicherer und seiner selbst ungewisser. Aus solcher Verwirrung heraus kann man nicht handeln. Also verläßt man sich auf andere – etwas, was der Mensch Tausende von Jahren getan hat. Es ist von vorrangiger Wichtigkeit, Ordnung in unser Inneres zu bringen; aus dieser inneren Ordnung wird dann äußere Ordnung entstehen. Wir trachten stets nach äußerer Ordnung. Wir möchten sie durch starke Regierungen geschaffen sehen oder durch totalitäre Diktaturen. Wir möchten gezwungen werden, uns richtig zu verhalten. Fällt dieser Zwang fort, werden wir eher so wie viele im heutigen Indien. Daher ist für alle, die sich ernsthaft mit unserer schrecklichen Krise auseinandersetzen, so bedeutsam herauszufinden, wie unser Bewußtsein beschaffen ist, und den Zustand unseres Bewußtseins zu verändern, damit wir wahrhaft religiöse Menschen werden. So wie es ist, sind wir keine religiösen Menschen, wir werden vielmehr immer materialistischer.

Der Redner wird Ihnen nicht sagen, was oder wer Sie sind. Aber der Redner und Sie werden gemeinsam herauszufinden versuchen, was und wer wir sind und ob es möglich ist, das, was wir sind, radikal zu verändern. Daher werden wir zunächst den Inhalt unseres Bewußtseins betrachten. Können Sie diesen Worten folgen? Oder sind Sie am Ende des Tages zu erschöpft? Sie stehen den ganzen Tag lang unter Druck, die gesamte Woche hindurch – zu Hause und auf der Arbeit, von seiten des Wirtschaftssystems und der Religion, der Regierung und der Gurus, die Ihnen ihre Überzeugungen, besser: ihren Unsinn aufdrängen wollen. Hier aber stehen wir nicht unter Druck. Bitte, machen Sie sich das klar. Wir sind wie Freunde, die miteinander über ihre Leiden, ihre Verletzungen und Ängste, ihre Unsicherheit und Ungewißheit sprechen, aber auch darüber, wie wir Sicherheit finden, uns von unseren Ängsten befreien und unseren Leiden ein Ende setzen können. Es geht um uns. Wenn wir das nicht verstehen und ganz klar ins Auge fassen, werden wir nur noch mehr Verwirrung und Zerstörung in die Welt bringen. Vielleicht werden wir alle durch eine Atombombe zugrunde gehen. Wir müssen also handeln – ernsthaft, aus ganzem Herzen und mit allen Sinnen. Das ist in der Tat sehr, sehr wichtig, weil wir uns einer ungeheuerlichen Krise gegenübersehen.

Wir haben die Natur nicht geschaffen, die Vögel, die Gewässer, die Flüsse, den herrlichen Himmel und die fließenden Ströme, den Tiger, die wundervollen Bäume; wir haben sie nicht geschaffen. Wie das gekommen ist, steht im Moment nicht zur Debatte. Aber wir zerstören die Wälder, wir vernichten die freilebenden Tiere, jedes Jahr töten wir Abermillionen von ihnen – viele Arten sind bereits ausgerottet. Wir haben die Natur nicht geschaffen – den Hirsch, den Wolf –, aber sonst entstammt alles unserem Denken: die wunderbaren Kathedralen, die antiken Tempel, die Moscheen und die Bildnisse, die sich in ihnen befinden. Unser Denken hat diese Tempel und Kathedralen, die Bilder und die Inschriften in den Moscheen geschaffen; und dasselbe Denken glorifiziert dann all diese Werke, die es selbst hervorgebracht hat.

Es ist also der durch das Denken bestimmte Inhalt unseres Bewußtseins, der für unser Leben grundlegend geworden ist. Warum ist der Intellekt, die Fähigkeit, zu erfinden, zu schreiben und zu denken, so wichtig geworden? Warum sind

Zuneigung, Fürsorge, Barmherzigkeit und Liebe nicht wichtiger geworden als das Denken?

Lassen Sie uns zunächst einmal untersuchen, was Denken ist. Die Struktur der Seele basiert auf dem Denken. Wir haben zu untersuchen, was Denken, was Geist ist. Ich werde es in Worte kleiden, aber Sie werden es selbst erkennen; es ist nämlich nicht so, daß der Redner Ihnen etwas vorsagt, was Sie dann nachdenken, vielmehr erkennen Sie es selbst, während wir darüber reden. Bevor wir also nicht genau wissen, was Denken ist, werden wir kaum in der Lage sein, den ganzen Inhalt unseres Bewußtseins wahrzunehmen, dieses Bewußtseins, das wir selbst sind. Wenn ich mein Ich nicht begreife, das heißt mein Bewußtsein, wenn ich nicht weiß, warum ich auf diese Weise denke, warum ich mich so verhalte, wenn ich meine Ängste nicht kenne, meine Verletzungen, meine Furcht, meine verschiedenen Attitüden und Überzeugungen, dann wird das, was ich tue, nur noch mehr Verwirrung hervorbringen.

Was ist das Denken für Sie? Wie ist Ihre Entgegnung, wenn Sie jemand mit dieser Frage herausfordert? Was ist Denken, und warum denken Sie? Die meisten von uns sind Menschen aus zweiter Hand geworden; wir lesen eine große Anzahl Bücher und Zeitungen, besuchen eine Universität und sammeln eine beachtliche Menge von Wissen an, vom Denken anderer Menschen abgeleitetes Wissen. Und dann zitieren wir dieses Wissen und vergleichen es mit dem, was gesagt wird. Daran ist nichts Ursprüngliches: Wir wiederholen nur, wir wiederholen, wiederholen. Daher sind wir nicht in der Lage, eine Antwort auf die Frage zu geben: Was ist Denken, was ist Geist?

Wir leben und verhalten uns unserem Denken entsprechend. Wegen unseres Denkens haben wir diese Regierung und haben wir Kriege; all die Waffen, die Flugzeuge, die Bomben sind Resultate unseres Denkens. Das Denken hat die Wunder der heutigen Chirurgie geschaffen, wir haben großartige Techniker und Experten aller Art, aber wir haben nicht erforscht, was Denken ist.

Denken ist ein aus Erfahrung und Wissen geborener Prozeß. Nehmen Sie das ruhig in sich auf, und überprüfen Sie, ob es wahr ist. Dann entdecken Sie es für sich selbst – ganz so, als wäre der Redner ein Spiegel, in dem Sie ganz klar und ohne jede Verzerrung sehen, was ist. Danach werfen Sie den Spiegel fort. Denken beginnt mit Erfahrung, die Wissen wird, das in den Gehirnzellen als Erinnerung gespeichert wird. Aus dieser Erinnerung folgen Denken und Handeln. Bitte erkennen Sie das für sich selbst, wiederholen Sie nicht einfach das, was ich sage. Diese Folge ist eine Tatsache: Erfahrung, Wissen, Gedächnis, Denken, Handlung. Aus dieser Handlung lernen Sie wiederum mehr: ein Kreislauf, und genau der fesselt uns.

Auf diese Art und Weise leben wir. Von diesem Feld haben wir uns nie fortbewegt. Sie können es Aktion und Reaktion nennen, aber wir bewegen uns nie von diesem Feld fort – dem Feld des Bekannten. Auch das ist eine Tatsache. Inzwischen ist der Inhalt unseres Bewußtseins all das, was das Denken hervorgebracht hat. Ich kann viele häßliche Dinge denken; ich kann auch denken, in mir sei Gott, der dann ebenfalls ein Produkt des Denkens ist.

Wir müssen den Inhalt unseres Bewußtseins genau betrachten. Die meisten von uns tragen schon seit der Kindheit Verletzungen mit sich herum. Zu Hause, in der Schule, auf der Universität, im späteren Leben: Überall werden uns Wunden beigebracht. Und wenn man verletzt ist, errichtet man eine Mauer um sich. Die Folge ist, daß man sich immer stärker isoliert; verwirrt und verängstigt ist man nur noch bestrebt, keine weiteren Verletzungen zu erleiden. Die daraus resultierenden Handlungen sind offensichtlich neurotisch. Verletzungen gehören also zum Inhalt unseres

Bewußtseins. Aber was ist es, das da verletzt ist? Wenn Sie sagen: »Ich bin verletzt« – nicht körperlich, sondern innerlich, in der Seele –, was ist es, das da verletzt ist? Ist es nicht das Bild, das Sie von sich selbst haben? Jeder von uns hat eine Vorstellung von sich selbst: Sie sind ein großer Mensch oder ein sehr bescheidener Mensch, Sie sind ein großer Politiker mit all dem Stolz, der Eitelkeit und der Macht, die sich in dem Bild, das Sie von sich selbst haben, niederschlagen. Ob Sie promoviert haben oder eine Hausfrau sind, Sie haben ein entsprechendes Bild von sich selbst. Wir alle haben Vorstellungen von uns, das ist eine unbestreitbare Tatsache. Das Denken hat dieses Bild geschaffen, und dieses Bild wird gestört, verletzt. Ist es also möglich, gar kein Bild von sich selbst zu haben?

Wenn Sie eine bestimmte Vorstellung von sich haben, schaffen Sie eine Trennung zwischen sich selbst und einem anderen. Es ist wichtig, sehr gründlich zu verstehen, was Beziehungen sind. Sie haben nicht nur eine Beziehung zu Ihrer Frau, Ihrem Nachbarn, Ihren Kindern, sondern Sie stehen zur gesamten menschlichen Gattung in einer Beziehung. Ist Ihre Beziehung zu Ihrer Frau eine rein sinnliche, sexuelle Bindung oder ist es eine romantische, gleichgestimmte Kameradschaft? Sie kocht, und Sie gehen ins Büro. Sie bringt Kinder zur Welt, und Sie arbeiten 50 Jahre lang von morgens bis abends, bis sie sich zur Ruhe setzen. Und das nennt man Leben. Also müssen wir sehr gründlich erforschen, was Beziehungen sind. Beruht Ihre Beziehung auf Verletzungen, dann benutzen Sie den anderen, um diesen Verletzungen zu entfliehen. Beruht Ihre Beziehung auf den gegenseitigen Vorstellungen voneinander? Sie haben sich ein Bild von ihr geschaffen, und sie hat sich ein Bild von Ihnen geschaffen; die Beziehung besteht dann zwischen diesen beiden Bildern, die das Denken hervorgebracht hat. Also ist zu fragen: Ist Denken Liebe? Ist

Verlangen Liebe? Ist Lust Liebe? Sie mögen jetzt den Kopf schütteln, aber im alltäglichen Leben stellen Sie sich diese Fragen erst gar nicht, denken Sie nie darüber nach.

Ist es überhaupt möglich, in seinen Beziehungen völlig konfliktfrei zu sein? Wir kämpfen von morgens bis abends. Warum? Gehört das zu unserer Natur, oder ist es ein Bestandteil unserer Tradition oder unserer Religion? Jeder hat eine Vorstellung von sich. Sie haben ein Bild von sich selbst, und sie hat ein Bild von sich – und viele andere Vorstellungen dazu: ihre Ambitionen, ihr Verlangen, dies oder das zu sein. Und auch Sie haben Ihren Ehrgeiz, Ihr Konkurrenzdenken. Sie laufen beide parallel, wie zwei Schienenstränge, die einander nie treffen – es sei denn vielleicht im Bett, aber nie auf irgendeiner anderen Ebene. Was für eine Tragödie ist das doch geworden.

Daher ist es überaus wichtig, unsere Beziehungen zu untersuchen; nicht nur ihre privaten Beziehungen, sondern auch die zum Rest der Welt. Die Welt da draußen ist mit Ihnen verwandt, Sie sind vom Rest der Welt nicht zu trennen. Sie sind der Rest der Welt. Die Menschen leiden, sie haben große Ängste, und sie sind vom Krieg ebenso bedroht wie Sie. Sie häufen ungeheure Waffenarsenale an, um einander zu vernichten, und sie machen sich nie klar, wie eng wir alle miteinander verbunden sind. Ich mag ein Moslem sein und Sie ein Hindu; meine Traditionen besagen: »Ich bin ein Moslem« – wie ein Computer bin ich programmiert, ständig zu wiederholen: »Ich bin ein Moslem«, und Sie sagen immer nur: »Ich bin ein Hindu.« Verstehen Sie, was das Denken bewirkt hat? Der Rest der Welt ist wie Sie, anders zwar, anders erzogen, mit anderen Sitten, wohlhabend oder auch nicht, aber mit den gleichen Reaktionen, den gleichen Ängsten, den gleichen Sorgen. Bitte, strengen Sie Ihren Geist an, öffnen Sie Ihr Herz, um herauszufinden, wie Ihre Beziehung zur Welt, zu Ihrem Nachbarn, zu Ihrer

Ehefrau oder Ihrem Ehemann ist. Wenn Sie aus Vorstellungen, Bildern und Erinnerungen besteht, dann gibt es unausweichlich Konflikte mit Ihrer Frau, mit Ihrem Mann, mit Ihrem Nachbarn, mit dem Moslem, mit dem Pakistani, mit dem Russen – Sie können mir folgen? Und der Inhalt Ihres Bewußtseins sind die nicht ausgeheilten Verletzungen. Sie haben Narben hinterlassen, und diesen Narben entstammen vielfältige Ängste, die letztendlich zur Isolation führen. Jeder von uns ist isoliert durch religiöse Traditionen, durch Erziehung und Ausbildung, durch die Vorstellung, stets erfolgreich sein zu müssen, es zu etwas zu bringen. Aber auch über unsere Beziehungen zueinander – intime oder andere – hinaus sind wir alle verwandt, ob Sie nun hier leben oder sonstwo auf der Welt. Die Welt ist Sie, und Sie sind die Welt. Wir mögen unterschiedliche Namen tragen, unterschiedlich auftreten, unterschiedlich ausgebildet sein und unterschiedliche Positionen einnehmen, aber innerlich leiden wir alle; wir alle erleiden Schmerzen, vergießen Tränen, haben Angst vor dem Tod und ein starkes Gefühl von Unsicherheit – ohne Liebe und Mitgefühl.

Wie haben Sie diese Tatsachen in sich aufgenommen? Das heißt, wie haben Sie dem zugehört, was gesagt wurde? Der Redner sagt, daß Sie die ganze Menscheit repräsentieren; Sie mögen dunkelhäutig sein, klein von Wuchs, Sie mögen Saris tragen, aber das alles ist Oberfläche. Innerlich – ob ich nun Amerikaner, Russe oder Inder bin –, innerlich ist die Strömung gleich. Die Bewegungen aller menschlichen Wesen sind sich ähnlich. Daher sind Sie die Welt, und die Welt ist Sie, und das sehr profund. Man muß diese Beziehung realisieren. Sie verstehen, ich benutze das Wort »realisieren« in dem Sinn, daß Sie fähig sein müssen, diese Beziehung, wie sie heute vorliegt, wahrzunehmen.

Daraus ergibt sich die Frage: Wie beobachten Sie? Mit welchen Augen betrachten Sie Ihre Frau oder Ihren Mann oder Ihren Premierminister? Wie betrachten Sie einen Baum? Die Kunst des Betrachtens muß gelernt werden. Wie betrachten Sie mich? Da sitzen Sie, aber wie sehen Sie mich? Wie ist Ihre Reaktion? Sehen Sie in mir den Redner, und denken Sie: Er hat einen Ruf? Wie ist Ihre Reaktion, wenn Sie einen Mann wie mich sehen? Sind Sie schlicht befriedigt über die Reputation, die der Redner hat – die durchaus unsinnig sein könnte, was sie im allgemeinen auch ist –, darüber, daß er hierhergekommen ist und sich an so viele Menschen wendet, oder fragen Sie sich, ob er bedeutend ist und wieviel Sie aus ihm für sich herausholen können? Er kann Ihnen keine Anstellung bei der Regierung verschaffen, er kann Ihnen kein Geld geben, weil er keines hat. Er kann Ihnen zu keinen Ehren verhelfen, keine gesellschaftliche Stellung verschaffen. Er kann Ihnen nicht sagen, was zu tun ist. Mit welchen Augen betrachten Sie ihn? Haben Sie schon einmal einen Menschen frei und offen betrachtet – ohne ein Wort und ohne jede Vorstellung? Haben Sie schon einmal die Schönheit eines Baumes betrachtet, die Bewegung seiner Blätter? Wie also können wir gemeinsam lernen, wie man sehen und betrachten sollte? Sie können nicht visuell betrachten, wenn Ihr Geist beschäftigt ist – so, wie die meisten unserer Gehirne mit den Schriftstücken beschäftigt sind, die wir am nächsten Tag zu schreiben haben, mit dem, was wir kochen wollen, mit dem Beruf, dem Sex oder auch mit der Frage, wie man am besten meditiert oder was andere Menschen sagen könnten. Wie kann ein von morgens bis abends beschäftigter Geist überhaupt etwas betrachten oder sehen? Wenn ich damit beschäftigt bin, ein meisterhafter Tischler zu werden, dann muß ich die Beschaffenheit der verschiedenen Holzsorten erkunden, ich muß die Werkzeuge kennen und wissen, wie sie zu benutzen sind. Ich muß lernen, wie ich Holzstücke ohne Nägel zusammenfügen kann, und so weiter. Also ist mein Gehirn beschäftigt. Oder, wenn ich neurotisch bin, ist mein Geist mit Sex beschäftigt oder damit, wie ich politische oder andere Erfolge erringen kann. Wie soll ich – derart abgelenkt – etwas in Ruhe betrachten können? Ist es überhaupt möglich, einen Geist zu haben, der nicht dauernd beschäftigt ist? Ich bin beschäftigt, wenn ich mich unterhalte, wenn ich dies oder das schreibe – aber warum sollte mein Geist auch in der restlichen Zeit beschäftigt sein?

Computer können programmiert werden, da wir Menschen programmiert sind. Sie können zum Beispiel schneller lernen und exakter denken als Menschen. Sie können mit Großmeistern Schach spielen. Nach vier Niederlagen schlägt der Meister den Computer viermal, beim fünften oder sechsten Mal besiegt der Computer den Meister. Der Computer kann außergewöhnliche Dinge tun. Er ist programmiert – verstehen Sie? Er kann neue Maschinen erfinden und produzieren, die dann in der Lage sind, besser zu programmieren als die vorangegangenen Computer – oder auch eine Maschine, die schließlich »intelligent« sein wird. Die Maschine selbst wird – so sagt man – letztendlich die »intelligente« Maschine erschaffen. Was wird aus den Menschen werden, wenn der Computer das Ganze übernommen hat? Die *Encyclopaedia Britannica* kann in einem winzigen Chip untergebracht werden, und der enthält das ganze Wissen. Welchen Stellenwert wird das Wissen dann im menschlichen Leben haben?

Unsere Gehirne sind immer beschäftigt, nie ruhig. Um lernen zu können, wie man seine Frau, den Nachbarn, die Regierung, die Brutalität der Armut, die Schrecken der Kriege ansieht, muß es die Freiheit zur Betrachtung geben. Aber wir wehren uns dagegen, frei zu sein, weil wir Angst davor haben, frei zu sein, allein zu sein.

Sie haben dem Redner zugehört; was haben Sie gehört, was haben Sie aufgenommen – Worte, Vorstellungen, die letztlich keine Bedeutung haben? Haben Sie für sich die Wichtigkeit erkannt, nicht verletzt zu werden? Das heißt, sich kein Bild von sich selbst zu machen? Haben Sie die Dringlichkeit verstanden, Beziehungen zu erkunden und einen Geist zu haben, der nicht andauernd beschäftigt ist? Wenn er nicht beschäftigt ist, dann ist er außerordentlich frei, dann sieht er große Schönheit. Aber der schäbige kleine Geist, der Geist aus zweiter Hand ist stets und ständig um Wissen bemüht und darum, dies oder das zu werden – forschend, diskutierend, streitend, niemals ruhig, niemals frei und unbeschäftigt. Gibt es einen solchen unbeschäftigten Geist, dann kommt aus ihm die überlegene Intelligenz – nie aber aus dem Denken.

31. Oktober 1982

2

Neu-Delhi

Bevor wir uns der Frage der Meditation zuwenden, sollten wir die Bedeutung der Disziplin diskutieren oder miteinander teilen – vielleicht ist das die richtigere Bezeichnung. Die meisten von uns sind keineswegs diszipliniert insofern, als wir nicht lernen. Das Wort »Disziplin« aber kommt von *discipulus* (Schüler), nämlich dem *discipulus*, dessen Geist lernt – nicht etwa von einer bestimmten Person, einem Guru, einem Lehrer oder Priester oder auch aus Büchern, sondern durch die Beobachtung und Erkundung seines eigenen Geistes, seines Herzens und seiner Handlungen. Diese Art Lernen verlangt eine gewisse Disziplin, aber nicht die Konformität, die nach allgemeinem Verständnis beim Lernen verlangt wird. Wo es um Konformität, Ergebenheit und Nachahmung geht, wird es den Akt des Lernens nie geben, sondern nur Gehorsam. Disziplin impliziert lernen; Lernen aus dem sehr komplexen Geist, den man hat, aus dem täglichen Leben, das man führt, und aus seinen Beziehungen, so daß der Geist stets rege ist.

Um die Bedeutung von Meditation miteinander zu teilen, muß man die Beschaffenheit der Disziplin verstehen. So, wie Disziplin gemeinhin verstanden wird, bringt sie Konflikte: Es wird verlangt, sich einem bestimmten Verhaltensmuster, einem Ideal oder auch einem bestimmten Vorbild aus einem der heiligen Bücher anzupassen wie ein Soldat dem

Befehl. Durch Konformität kommt es zu Reibungen und folglich zu Verschwendung von Energie. Wenn sich der Geist und das Herz eines Menschen in Konflikt befinden, kann aber der Mensch niemals meditieren. Darauf werden wir noch eingehen; es ist keine Feststellung, die Sie akzeptieren oder ablehnen sollen, sondern etwas, was wir gemeinsam ergründen wollen.

Wir leben seit Jahrtausenden ständig in Konflikten – uns anpassend, gehorchend, imitierend, wiederholend –, so daß unsere Gehirne außerordentlich träge geworden sind. Wir sind Menschen aus zweiter Hand geworden und zitieren andauernd andere. Wir haben die Fähigkeit und die Energie verloren, aus unseren eigenen Handlungen zu lernen. Wir aber – nicht die Gesellschaft und schon gar nicht die Politiker – sind letztlich verantwortlich für unsere Handlungen und auch dafür, aus ihnen zu lernen. Und bei einem solchen Lernen entdecken wir unendlich viel, weil in jedem Menschen die Geschichte der Menschheit »gespeichert« ist; in uns allen sind die Sorgen der Menschheit, ihre Ängste, die Einsamkeit, die Verzeiflung, die Trauer und der Schmerz – diese ganz komplexe Geschichte wohnt uns allen inne. Wenn Sie wissen, wie man ein Buch liest, dann brauchen Sie kein zweites mehr zu lesen – bis auf Bücher über Technologie zum Beispiel. Aber wir sind träge und nicht geübt im Lernen von uns selbst, aus unseren Handlungen. Und daher erkennen wir auch nicht, daß wir verantwortlich sind für unsere Handlungen und für das, was auf der Welt geschieht, was in diesem unglücklichen Land vor sich geht.

Man muß sein Haus in Ordnung bringen, weil nichts und niemand sonst auf Erden oder im Himmel das für einen tun wird – kein Guru, niemandes Schwüre oder Hingabe. Unsere Art zu leben und zu handeln ist in Unordnung geraten. Wie aber kann ein Geist, der in Unordnung ist, das wahrnehmen, was in absoluter Ordnung ist – so wie sich das Universum in absoluter Ordnung befindet?

Was hat Schönheit mit religiöser Einstellung zu tun? Sie könnten sich fragen, warum all die Religionen und ihre Rituale nie auf die Schönheit hinweisen. Das Verständnis von Schönheit ist jedoch Teil der Meditation – nicht die Schönheit einer Frau oder eines Mannes, die Schönheit eines Gesichtes, das seine ganz eigene Schönheit hat, sondern Schönheit an sich, die Essenz der Schönheit. Die meisten Mönche, Sannyassins und anderen angeblich religiös eingestellten Geister lassen das völlig außer acht und verhärten sich daher ihrer Umgebung gegenüber. Wir hielten uns einmal mit einigen Freunden im Himalaya auf. Vor uns ging eine Gruppe Sannyassins den Pfad hinunter: Sie verschwendeten keinen Blick auf die Bäume, die Schönheit der Erde, des blauen Himmels, der Vögel, der Blumen, der fließenden Wasser. Sie waren völlig okkupiert von ihrem eigenen Heil, ihren Gesprächen. Diese Tradition existiert bereits seit Tausenden von Jahren. Ein Mensch, der für religiös angesehen werden will, muß die Schönheit meiden. Dadurch wird sein Leben stumpfsinnig, ohne jeden ästhetischen Sinn – dabei ist doch Schönheit eine der Wonnen der Wahrheit.

Gibt man einem Kind, das herumschreit und unartig ist, ein kompliziertes Spielzeug, so läßt es sich von ihm völlig einfangen, wird sehr ruhig und erfreut sich an seiner Mechanik. Das Kind vertieft sich in das Spielzeug, sieht nichts anderes mehr, und aller Unfug ist vergessen. Auch wir haben Spielzeuge – Ideale, Überzeugungen –, die uns absorbieren. Wenn Sie ein Bild verehren – keine der Vorstellungen auf Erden ist heilig, sie sind alle durch den Geist des Menschen geschaffen, durch sein Denken –, dann sind Sie »gefangen«, ebenso wie das Kind von seinem Spielzeug gefangen ist. Sie werden außerordentlich ruhig und friedlich. Sehen wir einen herrlichen, schneebedeckten Berg vor klarblauem Himmel und die tiefverschatteten Täler, dann nimmt uns diese Größe gefangen. Einen Moment lang sind wir von dieser Majestät überwältigt und werden ganz still; wir vergessen uns selbst. Schönheit ist da, wo kein »Ich« existiert. Die Essenz der Schönheit ist die Abwesenheit des Selbst. Die Essenz der Meditation ist es, den Verzicht auf das Selbst auszuloten.

Man braucht ungeheure Energie, um zu meditieren, und Reibungen sind eine Verschwendung von Energie. Gibt es im täglichen Leben eines Menschen ein großes Potential an Reibung, an Konflikten untereinander und Abneigung gegen die Arbeit, die man verrichtet, dann ist das Vergeudung von Energie. Um das ergründen zu können – nicht nur oberflächlich, sondern sehr profund –, muß man sehr tief in den eigenen Geist eindringen und zu erkennen versuchen, warum wir so leben, wie wir leben, warum wir Energie verschwenden, denn Meditation ist die Freisetzung schöpferischer Energie.

Die Religion hat eine bedeutende Rolle in der menschlichen Geschichte gespielt. Von Anbeginn an hat der Mensch um Wahrheit gerungen. Aber inzwischen sind die großen Religionen der modernen Welt gar keine Religionen mehr. Sie sind lediglich die leere Wiederholung von Phrasen, Kauderwelsch und Unfug, eine Form persönlicher Unterhaltung ohne viel Bedeutung. All diese Rituale, all diese Götter – allein in diesem Land gibt es was weiß ich wie viele tausend Götter – sind durch das Denken erfunden worden. All die Rituale sind durch Nachdenken institutionalisiert worden. Was das Denken erschafft, ist nicht heilig. Aber wir schreiben den geschaffenen Vorstellungen alle jene Qualitäten zu, die sie nach unseren Wünschen haben sollen. Und dabei verehren wir, wenn auch unbewußt, stets und ständig uns selbst. Alle Rituale in den Tempeln, Pujas und den christlichen Kirchen wurden durch das Denken erschaffen: Wir beten an, was unser Denken erschaffen hat. Sehen Sie nur die Ironie, die Täuschung, die Unehrlichkeit, die darin liegt.

Die Religionen der Welt haben ihren Sinn völlig verloren. Die Intellektuellen dieser Welt laufen ihnen davon. Sie werden sich daher fragen, warum jemand die Worte »religiöse Einstellung« benutzt, wie es der Redner häufig tut. Etymologisch ist die ursprüngliche Bedeutung des Wortes »religiös« nicht besonders klar. Anfänglich bedeutete es, an das gebunden zu sein, was edel und großartig ist, und auf dieses Ziel ausgerichtet ein sehr fleißiges, gewissenhaftes, ehrbares Leben zu führen. Aber das ist alles längst vorbei. Wir haben unsere Integrität verloren. Was ist also Religion, wenn man die gegenwärtigen religiösen Traditionen mit ihren Bildnissen und Symbolen beiseite läßt? Um herausfinden zu können, was eine religiöse Einstellung ist, muß man erkunden, was die Wahrheit ist. Es gibt keinen direkten Pfad, der zur Wahrheit führt. Es gibt überhaupt keinen Pfad. Wenn ein Mensch über Mitgefühl und die mit ihm verbundene Intelligenz verfügt, so wird er darauf kommen, was die ewige Wahrheit ist. Aber es gibt keine Richtung, keinen Kapitän, der einen über das Meer des Lebens geleitet. Das hat man selbst zu ergründen. Kein Kult kann einem dabei helfen, die Wahrheit zu finden. Religiöse Einstellung ist nicht an irgendeine Organisation gebunden, an eine Gruppe, eine Sekte. Religiosität ist eine alles umfassende Grundeinstellung.

Religiosität ist eine Geisteshaltung, die absolut frei ist von allen Bedingungen, allen Schlüssen und Konzepten. Sie befaßt sich mit dem, was tatsächlich ist, nicht mit dem, was sein sollte. Sie ist die tägliche Beschäftigung mit dem eigenen Leben, mit dem, was sowohl äußerlich als auch innerlich wirklich geschieht. Sie ist das Verständnis für das gesamte komplexe Problem Leben. Die religiöse Einstellung ist frei von Vorurteilen, von Überlieferungen und Traditionen, von allen »Richtungen«. Um die Wahrheit zu erkennen, brauchen Sie eine große Klarheit des Geistes, kein verwirrtes Gemüt.

Lassen wir uns, nachdem wir herausgefunden haben, wie wichtig es ist, Ordnung ins eigene Leben zu bringen, nun erörtern, was Meditation ist. Es geht dabei nicht um die Frage, wie man zu meditieren hat, denn die ist absurd. Stellt jemand die Frage nach dem Wie, dann verlangt es ihn nach einem System, nach einer Methode, nach einem sorgfältig ausgearbeiteten Entwurf. Achten Sie einmal darauf, was geschieht, wenn jemand einer Methode folgt, einem System. Warum möchte ein Mensch eine Methode, ein System? Weil er davon überzeugt ist, es sei am einfachsten, jemanden zu folgen, der betont: »Ich werde Ihnen sagen, wie man meditiert.« Aber wenn Ihnen jemand sagen will, wie man meditiert, dann weiß er nicht, was Meditation ist. Ein Mensch der sagt: »Ich weiß«, weiß nichts. Man muß sehen, wie destruktiv ein Meditations-System ist, ob es nun festlegt, wie Sie sitzen, wie Sie atmen, wie Sie dies oder das machen sollen. Wenn ein Mensch Anordnungen befolgt, wenn er immer nur wiederholt, was ihm gesagt wird, dann beginnt der Geist mechanisch zu arbeiten; er reagiert zwar schon vorher mechanisch, aber man fügt dann noch weitere mechanische Routine hinzu. Auf diese Weise beginnt der Geist allmählich zu verkümmern. Es ist ganz so, als würde ein Pianist fortwährend die falschen Läufe üben; daraus kann keine Musik entstehen. Und wer einmal erkannt hat, daß kein System, keine Methode, keine repetitive Übung jemals zur Wahrheit führen kann, der gibt sie alle als nutzlos und irreführend auf.

Auch das Problem der Selbstbeherrschung spielt hier eine Rolle. Die meisten versuchen, ihre Reaktionen zu beherrschen, zu kontrollieren, ihre Wünsche zu unterdrücken oder zu regulieren. Immer gibt es den Kontrolleur und den Kontrollierten. Und niemand fragt sich, wer eigentlich der Kontrolleur ist und was in sogenannter Meditation kontrolliert werden soll. Wer nun ist dieser Kontrolleur, der seine Gedanken zu beherrschen versucht? Mit Sicherheit ist der ein Kontrolleur, der eine Methode oder ein System praktiziert. Er existiert nur aus der Vergangenheit heraus, er ist ein Gedankenprodukt, das allein auf Belohnung und Bestrafung reagiert. Also ist der Kontrolleur aus seinen Erfahrungen der Vergangenheit heraus bemüht, seine Gedanken zu beherrschen. Aber der Kontrolleur, der Beherrscher ist auch der Beherrschte. Denken Sie einmal darüber nach, das alles ist tatsächlich so einfach. Wenn Sie Neid empfinden, dann sondern Sie dieses Neidgefühl von Ihrem Selbst ab. Sie sagen: »Ich muß den Neid unter Kontrolle bekommen, ich muß ihn unterdrücken.« Oder sie versuchen, dieses Problem zu rationalisieren. Aber Ihr Neidgefühl ist von Ihrem Ich nicht getrennt, Sie sind der Neid. Das Neidgefühl läßt sich von Ihnen nicht trennen. Und dennoch versuchen wir diesen Trick, den Neid zu kontrollieren, als wäre er etwas, was von uns selbst abgesondert wäre. Daher ist es eine entscheidende Frage, ob man ein Leben ohne jede Kontrolle führen kann – was dann nicht bedeutet, einfach all das zu tun, was einem gerade in den Sinn kommt. Bitte stellen Sie sich diese Frage einmal selbst: Können Sie ein Leben – das im Augenblick so unselig, so mechanisch, so repetitiv ist – ohne einen einzigen Funken von Beherrschung oder Kontrolle führen? Das kann nur sein, wenn Sie mit absoluter Klarheit wahrnehmen, wenn Sie Ihre Aufmerksamkeit auf jeden Gedanken richten, der in Ihnen auftaucht. Wenn Sie in der Lage sind, eine solche Aufmerksamkeit aufzubringen, dann werden Sie feststellen, daß Sie ohne den Konflikt leben können, der aus der kontrollierenden Beherrschung entsteht. Wissen Sie, was das bedeutet, einen Geist zu besitzen, der die Beherrschung richtig verstanden hat und ohne jeden Schatten des Konflikts existiert? Es bedeutet absolute Freiheit. Und diese absolute Freiheit ist nötig, will man die ewige Wahrheit erfahren.

Wir sollten auch den qualitativen Unterschied zwischen Konzentration und Aufmerksamkeit begreifen. In der Schule und auf der Universität lernen wir, uns zu konzentrieren. Ein Junge blickt zum Fenster hinaus, und der Lehrer sagt: »Konzentriere dich auf dein Buch.« Auf diese Weise lernen wir, was Konzentration bedeutet. Sich zu konzentrieren heißt, alle verfügbaren Energien auf einen bestimmten Punkt zu richten. Aber die Gedanken befinden sich ständig auf Wanderschaft. Und so hat man immer wieder einen Kampf zwischen dem Verlangen, sich zu konzentrieren und alle Energie auf eine Buchseite zu richten, und dem Geist auszufechten, der wandern will und unter Kontrolle gebracht werden soll. Aufmerksamkeit dagegen kommt ohne Kontrolle und Konzentration aus. Sie ist von sich aus absolute Aufmerksamkeit – all Ihre Energie, Ihre Fähigkeiten, Ihr Geist, Ihr Herz, einfach alles wird aufmerksam. Vermutlich waren Sie noch nie so absolut aufmerksam. Wenn man etwas auf diese Weise wahrnimmt, gibt es keine Erinnerungsarbeit mehr, kein Agieren aus dem Gedächtnis heraus und keine Aufzeichnung im Gehirn, während bei der Konzentration allein das Gedächtnis arbeitet – wie eine Schallplatte, die sich wiederholt.

Begreifen Sie bitte die Beschaffenheit eines Geistes, der nur aufzeichnet, was notwendig ist. Es ist notwendig, den Schauplatz der persönlichen Existenz und die praktischen Aktivitäten des Lebens zu registrieren. Es ist aber nicht notwendig, psychologische, innere Dinge aufzuzeichnen – weder die Kränkungen noch die Schmeicheleien und so weiter. Haben Sie das jemals versucht? Wahrscheinlich ist es ganz neu für Sie. Aber wenn Sie es tun, dann ist der Geist gänzlich frei von allen Abhängigkeiten.

Wir alle sind Sklaven der Tradition. Und wir glauben, sehr verschieden voneinander zu sein. Wir sind es nicht. Wir alle durchlaufen das gleiche große Elend, wir vergießen Tränen, wir sind alle menschliche Wesen, keine Hindus, Moslems oder Russen – das sind lediglich Etiketten ohne Bedeutung. Der Geist muß absolut frei sein. Das heißt, daß man absolut für sich sein muß; doch wir alle haben so große Angst davor, allein zu sein.

Der Geist muß frei sein, äußerst gelassen, nicht kontrolliert oder beherrscht. Wenn der Geist wirklich religiös ist, dann ist er frei und fähig, die Wahrheit zu erkunden, zu der es keinen Leitfaden gibt, keinen Wegweiser. Nur der gelassene, ruhige Geist, nur der freie Geist kann erfahren, was jenseits der Zeit ist.

Haben Sie nicht auch schon – wenn Sie sich einmal selbst beobachtet haben – bemerkt, daß Ihr Geist stets und ständig vor sich hin schwatzt, dauernd mit diesem oder jenem beschäftigt ist? Sind Sie ein Sannyasin, dann ist Ihr Geist mit Gott beschäftigt. Sind Sie eine Hausfrau, dann ist Ihr Geist mit der Frage beschäftigt, was Sie als nächstes kochen, wie Sie diese oder jene Reste verwerten können. Der Geschäftsmann ist mit dem Handel beschäftigt, der Politiker mit der Parteipolitik und der Priester mit seinem eigenen Unsinn. Unser Geist ist die ganze Zeit beschäftigt und hat keinen Freiraum. Und Freiraum ist notwendig.

Raum heißt auch Leere, eine Stille, die über immense Energie verfügt. Sie können Ihren Geist ruhigstellen, indem Sie Drogen nehmen. Aber diese Ruhe ist eine von unterdrückten Geräuschen. Haben Sie jemals erfahren, wie es ist, einen Geist zu haben, der ganz natürlich ist, der ruhig und bewegungslos ist, der nichts registriert bis auf jene Dinge, die notwendig sind, so daß Ihre Seele, Ihre innere Natur ganz ruhig wird? Haben Sie das jemals versucht? Oder sind Sie nur im Strom der Tradition geschwommen, im Strom der Arbeit und der Sorgen um das Morgen?

Wo Ruhe ist, ist Raum – nicht von einem Punkt zum anderen, wie wir es uns üblicherweise vorstellen. Wo Ruhe ist, gibt es keinen Punkt, nur Ruhe. Und diese Ruhe hat die außergewöhnliche Energie des Universums.

Das Universum hat keine Ursache, es existiert. Das ist eine wissenschaftliche Tatsache. Aber wir Menschen sind in Ursachen gefangen. Durch Analysen können Sie die Ursachen für die Armut zum Beispiel in diesem Lande herausfinden. Sie können die Ursachen für die Überbevölkerung aufdecken, das Fehlen von Geburtenkontrolle; Sie können auch hinter die Ursache kommen, warum sich die Menschen selbst in Sikhs, Hindus, Moslems und so weiter unterteilen. Sie können die Ursache Ihrer Ängste oder Ihrer Einsamkeit aufspüren. Diese Ursachen können Sie durch Analysen herausfinden, aber Sie sind niemals frei von den Ursächlichkeiten. Alle unsere Handlungen basieren auf Belohnung oder Bestrafung, wie subtil auch immer – und das ist Ursächlichkeit. Ist es möglich, ein alltägliches Leben ohne Ursächlichkeit zu führen und so die Ordnung des Universums zu verstehen, das ohne jede Ursache ist? Das ist überlegene Ordnung. Aus dieser Ordnung beziehen Sie schöpferische Energie. Und Meditation heißt, diese schöpferische Energie freizusetzen.

Es ist ungeheuer wichtig, die Tiefe und Schönheit der Meditation zu kennen und zu verstehen. Von Anbeginn der Zeit an hat der Mensch stets gefragt, was jenseits allen Denkens ist, jenseits aller romantischen Empfindungen, jenseits all dieses Chaos, der Kriege, des Kampfes. Existiert da etwas, was unbeweglich ist, heilig, überaus rein, unberührt von allem Denken, von jeder Erfahrung? Das sind die Fragen ernsthafter Menschen seit grauer Vorzeit gewesen.

Um diese Fragen beantworten zu können, ist Meditation notwendig. Nicht die wiederholende Meditation, die ist höchst bedeutungslos. Es gibt eine schöpferische Energie, die wahrhaft religiös ist, wenn der Geist frei ist von jedem Konflikt, von dem Herumwandern der Gedanken. Herauszufinden, was keinen Anfang und kein Ende hat – das ist die tatsächliche Tiefe der Meditation und ihre Schönheit. Es erfordert jedoch Freiheit von allen Konditionierungen.

Es liegt vollkommene Sicherheit in mitfühlender Intelligenz – absolute Sicherheit. Wir aber wollen Sicherheit durch Ideen, Überzeugungen, Konzepte, Ideale. An ihnen halten wir fest, sie sind unsere Sicherheit – wie falsch und irrational sie auch immer sein mögen. Aber nur da, wo es Mitgefühl mit seiner überlegenen Intelligenz gibt, ist wirkliche Sicherheit – wenn man denn Sicherheit sucht. Denn die Frage der Sicherheit stellt sich dort, wo es diese mitfühlende Intelligenz gibt, überhaupt nicht.

Es existiert also ein Ursprung, ein originaler Boden, aus dem alle Dinge entstehen. Und aus Worten besteht er mit Sicherheit nicht. Nur durch Meditation kann man diesen Boden, diesen Grund erreichen, der der Ursprung aller Dinge ist und frei von aller Zeit. Das ist der Weg der Meditation. Und gesegnet ist der, der ihn findet.

8. November 1981

3

Benares

Der Redner will Ihnen keinerlei Anweisungen geben. Sie sollen nicht überredet oder belehrt werden. Das hier ist ein Gespräch zwischen Freunden: zwischen Freunden, die Zuneigung füreinander empfinden und auf das Wohl der anderen bedacht sind, einander nicht betrügen wollen und durch tiefe gemeinsame Interessen miteinander verbunden sind. Sie sprechen aus einem ernsthaften Kommunikationsbedürfnis heraus miteinander; sie sitzen vielleicht an einem lieblichen frischen Morgen unter einem Baum – auf dem Gras liegt noch der Tau – und denken gemeinsam über die komplexen Dinge des Lebens nach. Das etwa ist die Beziehung, die Sie mit dem Redner verbindet; wir haben einander noch nicht wirklich kennengelernt – wir sind zu viele –, aber es ist so, als würden wir einen Weg hinuntergehen, die Bäume betrachten, die Vögel, die Blumen. Wir atmen den Duft der Luft ein und sprechen über unser Leben – ernsthaft, nicht beiläufig oder oberflächlich. Wir sind um die Lösung unserer Probleme besorgt. Der Redner meint, was er sagt. Er ist kein Rhetoriker, der nur versucht, einen Eindruck zu vermitteln. Wir sehen uns Lebensproblemen gegenüber, die dafür viel zu ernst sind.

Nachdem wir eine gewisse Verständigungsbasis zwischen uns geschaffen haben – unglücklicherweise muß es eine verbale Kommunikation bleiben, aber zwischen den Zeilen kann, wenn man nur aufmerksam genug ist, eine viel tiefere, profundere Beziehung vermittelt werden –, sollten wir die Beschaffenheit unserer Probleme definieren. Wir alle haben Probleme – sexuelle, intellektuelle, in der Beziehung zu anderen und solche, die durch Kriege, durch den Nationalismus oder die Religionen geschaffen wurden. Was ist ein Problem? Ein Problem ist etwas, was Ihnen aufgebürdet wurde, etwas, dem Sie sich stellen müssen, eine kleinere oder größere Herausforderung. Ein ungelöstes Problem verlangt, daß Sie sich ihm stellen, es verstehen, handeln und es lösen. Ein Problem ist etwas, womit Sie belastet werden, oft unerwartet, entweder auf der bewußten oder unbewußten Ebene. Es kann eine geringfügige, aber auch tiefgehende Herausforderung sein.

Wie geht man ein Problem an? Die Art und Weise, wie Sie ein Problem angehen, ist wichtiger als das Problem selbst. Im allgemeinen begegnet man einem Problem mit Angstgefühlen, die mit dem Verlangen einhergehen, es zu bereinigen, über es hinauszugelangen, gegen es anzukämpfen, vor ihm zu flüchten oder es einfach zu negieren. Das Wort Annäherung bedeutet, einer Sache so nahe wie möglich zu kommen, sich ihr zu nähern. Wie nähert man sich einem Problem, wenn man eines hat? Nähert man sich ihm, kommt man ihm nahe, oder läuft man vor ihm davon? Oder hat man den Wunsch, es zu überwinden, darüber hinauszugelangen? Solange man eine Absicht hat, diktiert sie die Annäherung.

Wenn man sich einem Problem nicht offen und unvoreingenommen nähert, entspricht seine Lösung nur der eigenen Konditionierung. Nehmen Sie an, jemand sei so konditioniert, ein bestimmtes Problem schlicht zu unterdrücken. Dann ist auch die Annäherung dieses Menschen an das Problem konditioniert: Das Problem erscheint verzerrt. Nähert man sich einem Problem jedoch ohne jede Absicht, kommt man ihm sehr nahe, dann liegt in dem Problem selbst schon die Lösung – eine Lösung, die vom Problem nicht getrennt werden kann.

Es ist sehr wichtig, wie man sich einem Problem nähert – sei es nun ein politisches oder religiöses Problem oder auch eines intimer Beziehungen. Es gibt so viele Probleme, man ist förmlich vollgepackt mit Problemen. Selbst die Meditation wird ein Problem. Aber man achtet nie wirklich auf seine Probleme, man ist ihnen gegenüber nicht aufmerksam. Wie kann man aber mit Problemen belastet leben? Probleme, die man nicht verstanden und beseitigt hat, verzerren oft die gesamte Existenz. Es ist also sehr wichtig, sich bewußtzumachen, wie man sich einem Problem nähert, und es wahrzunehmen, ohne eine Lösung zu oktroyieren, das heißt zu versuchen, in dem Problem selbst die Antwort zu finden. Und das hängt davon ab, wie man sich ihm nähert. Es ist sehr bedeutsam, sich der eigenen Konditionierungen bewußt zu sein und sich von ihnen frei zu machen, wenn man ein Problem wirklich lösen will. Was ist Wahrnehmung, was Sehen? Wie sehen Sie diesen Baum? Betrachten Sie ihn sich einen Augenblick lang. Mit welchen Augen sehen Sie ihn? Ist es eine rein optische Angelegenheit – eine Betrachtung der Form, des Musters und des Lichtes auf den Blättern? Oder betrachten Sie ihn nur, um ihn zu benennen – »Das ist eine Eiche« – und dann weiterzugehen? Auf diese Art sehen Sie den Baum eigentlich gar nicht; das Wort, die Bezeichnung verdeckt die Sache. Können Sie ihn ohne Bezeichnung betrachten?

Sind Sie sich jetzt bewußt, wie Sie sich dem Baum nähern, wie Sie ihn ansehen? Betrachten Sie ihn partiell, mit nur einem Sinn – dem optischen? Oder sehen Sie ihn, hören Sie ihn, riechen und fühlen Sie ihn? Sehen Sie seinen Entwurf, nehmen Sie ihn als Ganzes in sich auf? Oder betrachten Sie ihn, als sei er etwas von Ihnen absolut Getrenntes? Natürlich sind Sie nicht der Baum, wenn Sie ihn betrachten; aber können Sie ihn ohne Bezeichnung, ohne Einordnung ansehen, indem alle Ihre Sinne auf die Gesamtheit seiner Schönheit reagieren? Daher bedeutet Wahrnehmung nicht nur, etwas mit allen Sinnen in sich aufzunehmen, sondern auch, sich bewußtzumachen, ob es da eine Trennung zwischen Ihnen und dem Betrachteten gibt. Wahrscheinlich haben Sie darüber noch nie nachgedacht. Aber es ist wichtig, das zu verstehen, wenn wir den Umgang mit der Angst und ihre Bedeutung diskutieren wollen. Wir müssen uns bewußt sein, wie man sich dieser Belastung nähert, unter der die Menschen seit Jahrtausenden leben. Es ist relativ einfach, etwas außerhalb Ihres Ichs ohne Benennung wahrzunehmen, einen Baum, einen Fluß oder den blauen Himmel. Aber können Sie auch sich selbst, Ihr ganzes Bewußtsein, Ihr Sein, Ihre Gedanken, Gefühle, Depressionen so betrachten, ohne daß eine Kluft Sie von all dem trennt? Gibt es keine Kluft, so gibt es auch keinen Konflikt. Wo immer es eine Kluft, eine Trennung gibt, da muß es zu Konflikten kommen. Gibt es also in uns eine Kluft wie zwischen dem Betrachter und dem betrachteten Gegenstand? Wenn der Betrachter seine Ängste, seine Habgier oder sein Leid als etwas von ihm völlig Getrenntes begreift, das er beseitigen, unterdrücken oder überwinden muß, dann scheidet er es von sich ab und stellt sich mitten in den Konflikt.

Wie also gehen Sie Ängste an? Nehmen Sie sie ohne jede Verzerrung wahr, ohne Flucht- oder Unterdrückungsreaktionen, ohne Selbsterklärungsversuche? Die meisten von uns haben Angst – vor vielen Dingen. Sie können Angst haben vor Ihrer Ehefrau, vor Ihrem Ehemann oder davor, die Stellung zu verlieren oder im Alter nicht genügend abgesichert zu sein, vor der öffentlichen Meinung – was die unsinnigste Form von Angst ist –, vor so vielen Dingen: Dunkelheit, Tod und so weiter. Wir werden jetzt nicht untersuchen, wovor wir Angst haben, sondern, was Angst an sich ist. Wir sprechen nicht über das Objekt der Angst, sondern über die Natur von Angst, darüber, wie Angst entsteht und wie man ihr begegnet. Steckt ein Motiv hinter der Art und Weise, wie sich jemand der Angst nähert? Offensichtlich hat man gewöhnlicherweise ein solches Motiv: Man will über die Angst hinwegkommen, sie unterdrücken, sie umgehen oder negieren. Und an die Angst ist man das ganze Leben hindurch gewöhnt, daher findet man sich mit ihr ab. Aber wenn es auch nur die geringste Absicht gibt, kann man die Angst nicht klar erkennen, ihr nicht begegnen, ihr nicht nahekommen. Und wenn man sich der Angst nähert – betrachtet man sie dann als etwas, das vom Ich getrennt ist? Wie ein »Äußerlicher«, der nach innen blickt, oder ein »Innerlicher«, der nach außen sieht? Aber ist die Angst wirklich getrennt vom Ich, vom Selbst? Offenbar ebensowenig wie Zorn und Empörung. Aber durch Erziehung, durch Religion wird der Mensch dazu gebracht, sich »neben« die Angst zu stellen, sie als etwas vom Ich Getrenntes zu betrachten – etwas, das man bekämpfen und überwinden muß. Man stellt sich nie die Frage, ob sie tatsächlich etwas von einem selbst Getrenntes ist. Das ist sie nämlich nicht, und wenn man das begreift, erkennt man auch, daß der Betrachter der Betrachtete ist.

Nehmen Sie einmal an, jemand empfindet Neidgefühle. Man könnte annehmen, Neid sei von einem getrennt, aber Tatsache ist, daß man Teil des Neides ist. Man ist Teil des Neides, Teil der Habgier, des Zorns, des Leids, des Schmerzes. Schmerz, Leid, Habgier, Neid, Angst und Einsamkeit: Das sind wir selbst. Das macht uns aus. Versuchen Sie zunächst zu verstehen, daß das logischerweise so ist. Wenn man diese Logik erkannt hat, abstrahiert man dann von dem, was man sieht, macht man daraus eine Idee, einen schwachen Abglanz der Tatsachen? Man abstrahiert, um den Tatsachen ausweichen zu können, und arbeitet dann auf der Grundlage der abstrakten Idee weiter. Das bewahrt einen davor, ernsthaft zu betrachten, was Angst eigentlich ist. Sieht man aber die Tatsachen, ohne in die Abstraktion zu flüchten, dann nähert man sich ihr unvoreingenommen und ohne jedes Motiv. Man sieht sie als etwas, das vom Ich nicht getrennt ist; man versteht die Verbindung. Man betrachtet sie als Teil des Selbst. Man *ist* die Angst, es gibt keine Kluft zwischen dem Ich und der Angst. Daher die Erkenntnis, daß der Betrachter der Betrachtete ist; das Betrachtete ist nicht abgesondert von einem selbst.

Was also ist Angst? Betrachten Sie sie ganz aus der Nähe. Man kann nur klarsehen, wenn man nahe genug ist. Was ist Angst? Ist es die Zeit als Bewegung der Vergangenheit, die modifizierte und fortgesetzte Gegenwart? Der Mensch ist Vergangenheit, Gegenwart und auch Zukunft. Man ist das Resultat der Vergangenheit einer nach Jahrtausenden zählenden Zeit; man ist auch die Gegenwart mit all ihren Eindrücken, ihren augenblicklichen gesellschaftlichen Bedingungen, ihrem momentanen Klima. Und man ist die Zukunft. Der Mensch ist die Gegenwart, die die Vergangenheit aufnimmt und in die Zukunft hinein fortführt; das ist die innere Zeit. Es gibt auch eine äußere Zeit, die mit der Uhr gemessen wird und sich nach dem Auf- und Untergehen der Sonne richtet, die Folge von Morgen, Nachmittag und Abend. Man bedarf der äußeren Zeit, um eine Sprache zu lernen, die Fähigkeit zu erwerben, ein Auto zu lenken, ein Zimmermann, Ingenieur oder Politiker zu werden. Die äußere Zeit füllt die Distanz zwischen dem hier und da; die andere, die innere Zeit ist eine Zeit der Hoffnung. Man hofft, friedfertig zu werden – was absurd ist. Man hofft, Schmerzen zu umgehen oder Belohnungen zu bekommen. Also gibt es nicht nur äußere, physikalische Zeit, sondern auch innere, psychologische Zeit. Man ist dies nicht, wird jedoch das werden – das ist »Zeit«. Die physikalische Zeit ist real – jetzt »ist« es elf oder zwölf Uhr. Aber man geht auch immer von einer inneren »Zeit« aus: »Ich bin zwar jetzt nicht gut, aber ich werde gut sein.« Inzwischen stellt man diese innere Zeit zur Disposition; man fragt sich, ob für sie überhaupt Bedarf besteht. Denn gibt es eine innere Zeit, dann gibt es auch die Angst. Man hat eine Stellung, aber man könnte sie verlieren – das ist Zukunftsdenken, Zeit. Man hat Schmerzen erlitten und hofft, sie nicht erneut durchleiden zu müssen. Das ist Erinnerung an den Schmerz und die Fortschreibung dieser Erinnerung in der Hoffnung, daß es künftig keinen Schmerz mehr geben wird.

Also fragt man: Ist die Zeit nicht Bestandteil der Angst? Ist innere Zeit nicht Angst? Und ist ein anderer Faktor der Angst nicht das Nachdenken? Man denkt an die Schmerzen, die man in der vergangenen Woche empfunden hat und die nun im Gehirn gespeichert sind; man denkt daran, daß man diese Schmerzen morgen erneut empfinden könnte. Also entsteht ein gedanklicher Prozeß: »Ich habe Schmerzen durchlitten; ich hoffe, sie werden sich nicht wiederholen.« So sind Nachdenken und Zeit Bestandteile der Angst. Angst ist Erinnerung, Nachdenken auch – ebenso wie Zeit, Zukunft. Im Augenblick bin ich sicher, aber morgen könnte ich unsicher sein – Angst kommt auf. Daher: Zeit plus Nachdenken gleich Angst.

Versuchen Sie bitte, diese Wahrheit in sich selbst zu erkennen. Hören Sie nicht einfach auf mich, den Redner. Erkennen Sie, daß es eine Tatsache ist und keine Abstraktion, keine Idee. Sie müssen sich bewußt werden, ob Sie sich eine Vorstellung von Gehörtem machen, oder ob Sie sich der Tatsache der Angst stellen, die aus Zeit und Nachdenken besteht.

Es ist bedeutsam, auf welche Weise Sie den Prozeß der

Angst wahrnehmen. Nehmen Sie sie durch Negieren zur Kenntnis, oder verzichten Sie auf eine Trennung zwischen sich und der Angst? Nehmen Sie wahr, daß Sie Angst sind, daß Sie in und mit dieser Angst bleiben werden?

Es gibt zwei Arten, Angst zu negieren. Sie können sie einfach leugnen und feststellen: »Ich habe keine Angst« – was absurd ist –, oder Sie können sie negieren, indem Sie wahrnehmen, daß der Betrachter das Betrachtete ist, so daß es keinen Handlungsbedarf gibt. Gewöhnlicherweise versuchen wir, die Angst auszuschalten, über sie hinwegzukommen, vor ihr davonzulaufen oder uns auf irgendeine Weise über sie hinwegzutrösten – alle möglichen Formen der Negation anzuwenden, kurz: zu handeln. Daneben gibt es jedoch noch eine andere Art von Negation, die den Beginn eines ganz neuen Prozesses darstellt, bei dem der Betrachter der Betrachtete, Angst Ich ist. Der Betrachter ist Angst. Er kann also gar nichts gegen sie unternehmen; daher ist das eine völlig andere Art von Negation. Sie setzt einen neuen Anfang. Haben Sie sich schon einmal klargemacht, daß Sie die Angst stärken, wenn Sie nur blind handeln? Weglaufen, unterdrücken, analysieren, der Sache auf den Grund gehen – all das ist blinde Reaktion. Sie versuchen, etwas zu negieren, als sei es nicht Ihr Ich. Wenn Sie jedoch wahrnehmen, daß Sie die Angst sind, daß Sie gar nichts gegen sie unternehmen können, dann bleibt nur das Nicht-Handeln; und ein gänzlich neuer Prozeß beginnt.

Ist Freude von Angst getrennt? Oder ist Angst Freude? Sie sind wie die beiden Seiten einer Münze, wenn Sie die Beschaffenheit der Freude richtig verstehen, die aus Zeit und Nachdenken besteht. Sie haben in der Vergangenheit etwas sehr Schönes erlebt. Dieses Ereignis ist im Gehirn gespeichert, und sie möchten, daß es sich wiederholt – genauso, wie Sie sich an die Angst eines vergangenen Ereignisses erinnern und eine Wiederholung vermeiden wollen. So sind beide Empfindungen von gleicher Art – auch wenn man die eine Freude und die andere Angst nennt.

Gibt es ein Ende des Leids? Der Mensch hat alles Mögliche getan, um es zu überwinden. Er hat es erhöht, verehrt, er ist vor ihm fortgelaufen, er hat versucht, sich zu trösten, er hat den Pfad des Glücks verfolgt und sich an ihn geklammert, um es zu umgehen. Und dennoch leiden die Menschen weiter. Die gesamte Weltgeschichte hindurch hat die Menschheit gelitten. Sie hat Tausende von Kriegen verursacht – denken Sie nur an die Männer und Frauen, die in ihnen verstümmelt und getötet wurden, an die Tränen, die vergossen wurden, an das Leid der Mütter, Ehefrauen und all der Menschen, die ihre Söhne, Männer oder Freunde verloren haben – Jahrtausend für Jahrtausend, und doch fahren wir fort wie eh und je und vervielfachen die Rüstungsanstrengungen sogar noch. Das Leid der Menschheit ist unermeßlich. Der arme Mann am Rande dieser Straße wird niemals ein gutes sauberes Bad kennenlernen, saubere Kleidung haben oder in einem Flugzeug fliegen; all die Freuden, die man gemeinhin hat, wird er nie erfahren. Der eine ist gut ausgebildet und der andere nicht, aber beide leiden. Ignoranz bedeutet Leid, und Einsamkeit bedeutet Leid. Die meisten Menschen sind einsam; sie mögen viele Freunde haben, über eine Menge Wissen verfügen, dennoch sind sie sehr einsam. Sie wissen, daß diese Einsamkeit – wenn man sich seines Selbst wirklich bewußt ist – ein Gefühl absoluter Isolation ist. Sie können eine Frau haben, Kinder, viele Freunde; dann aber passiert eines Tages irgend etwas, das Ihnen Ihre Isolation und Einsamkeit vor Augen führt. Das ist ein ungeheures Leid. Das Leid des Todes, die Trauer um jemanden, den Sie verloren haben; und das erworbene Leid, das durch die Jahrtausende menschlicher Existenz angesammelt worden ist.

Und es gibt das Leid der eigenen Degeneration, des

persönlichen Verlustes, des Mangels an Intelligenz und Fähigkeiten. Und wir fragen uns, ob dieses Leid je ein Ende finden kann oder ob wir immer nur weiter leiden und im Leid sterben werden. Auf logische, rationale, intellektuelle Weise können wir viele Gründe für das Leid finden; es gibt so viele Erklärungen – buddhistische, hinduistische, christliche, islamische. Aber trotz dieser Erklärungen und der Autoritäten, die danach streben, alles wegzuerklären, bleibt das Leid bestehen. Wie also ist es möglich, dem Leid ein Ende zu machen? Denn wenn es kein Ende für das Leid gibt, kann es keine Liebe, kein Mitgefühl geben. Man muß sich schon sehr in das Leid vertiefen, um ein Ende abzusehen.

Der Redner behauptet, daß es ein Ende für das Leid gibt, ein totales Ende. Das soll nicht heißen, daß er sorglos, gleichgültig oder gefühllos wäre. Aber mit dem Ende des Leids kommt der Anfang der Liebe. Sie werden natürlich fragen: »Wie?« Wie soll das Leid ein Ende finden? Aber wenn Sie nach dem Wie fragen, dann verlangen Sie ein System, eine Methode, eine Handlungsanweisung. Aus diesem Grund fragen Sie: »Sagen Sie mir, wie ich dahin gelange. Ich werde dem gewiesenen Weg folgen.« Sie wollen eine Richtung, wenn Sie fragen: »Was kann ich tun, um das Leid zu beenden?« Diese Frage, diese Forderung besagt: »Zeigen Sie es mir.« Wenn Sie nach dem Wie fragen, stellen Sie die falsche Frage, wenn ich das so sagen darf. Dann sind Sie lediglich darum besorgt, über das Leid hinwegzukommen. Ihre Annäherung an die Angst ist die: »Sagen Sie mir, wie ich das Leid überwinden kann.« Auf diese Weise kommen Sie nie nahe genug an das Leid heran. Wenn Sie diesen Baum betrachten sollen, müssen Sie nahe an ihn herantreten, um seine Schönheit zu erkennen, den Schatten, den er wirft, die Farbe des Laubs, ob er Blüten trägt oder nicht – Sie müssen ihm nahekommen. Aber dem Leid kommen Sie nie nahe, weil Sie es stets zu umgehen versuchen oder vor ihm davonlaufen. Die Art und Weise, wie Sie dem Leid begegnen, hat große Bedeutung: Nähern Sie sich ihm mit einem Fluchtmotiv, wollen Sie Trost oder versuchen Sie, es zu vermeiden? Oder stellen Sie sich ihm und bemühen sich, ihm nahe, sehr nahe zu kommen. Finden Sie heraus, ob Sie dem Leid so nahe kommen? Sie können ihm jedoch nicht nahekommen, wenn Sie Selbstmitleid empfinden oder das Verlangen haben, eine Ursache zu finden, eine Erklärung. Auf diese Weise umgehen Sie das Leid. Also ist es sehr wichtig, auf welche Weise sie sich dem Leid nähern, wie Sie es sehen, ob Sie es wahrnehmen.

Macht Sie schon das Wort Leid traurig? Oder ist es für Sie eine Tatsache? Und wenn das Leid für Sie eine Tatsache ist, wollen Sie ihm so nahe kommen, daß Sie das Leid sind? Sie sind nicht losgelöst oder getrennt vom Leid. Das ist die erste Realität, die man erkennen muß: daß Sie und das Leid eine Einheit sind. Sie sind das Leid. Sie sind die Angst und die Einsamkeit, die Freude, der Schmerz, das Gefühl der Isolation. Sie sind all das. Wenn Sie dem Leid sehr nahe kommen, dann sind Sie das Leid. Sie sind nicht voneinander zu trennen.

Wenn Sie diesen Baum ansehen wollen, gehen Sie auf ihn zu, betrachten Sie jede Einzelheit; nehmen Sie sich Zeit. Sie betrachten, betrachten, betrachten; dann teilt er Ihnen seine ganze Schönheit mit. Nicht Sie erzählen dem Baum Ihre Geschichte – er erzählt Ihnen seine. Auf die gleiche Weise versucht Ihnen das Leid etwas zu erzählen, wenn Sie ihm sehr nahe kommen, es betrachten und nicht davonlaufen – etwas von seiner Tiefe, seiner Schönheit, seiner Größe. Wenn Sie dann auf das Leid »hören«, wenn sie ganz »bei ihm bleiben«, dann endet das Leid. Prägen Sie sich das nicht nur ins Gedächtnis ein, um es zu wiederholen. Das ist es doch, woran Ihr Geist gewöhnt ist: sich an das zu erinnern, was ein Redner gesprochen hat, und danach zu sagen: »Wie soll ich das umsetzen?« Weil Sie das Leid sind, können Sie auch nicht vor sich selbst davonlaufen. Sie betrachten das Leid, und da gibt es keinerlei Kluft zwischen dem Betrachter und dem Betrachteten: Sie sind das Leid, es gibt keine Loslösung. Und wenn es keine Kluft gibt, dann bleibt das Leid auch ganz mit Ihnen. Es verlangt intensive Aufmerksamkeit und große Klarheit – die Klarheit des Geistes, der die Wahrheit erkennt.

Dann entsteht aus dem Ende des Leids die Liebe. Ich frage mich, ob Sie irgend etwas lieben? Tun Sie das? Lieben Sie irgend etwas? Ihre Frau, Ihre Kinder? Ihr sogenanntes Vaterland? Lieben Sie die Erde, die Schönheit eines Baumes, die Schönheit eines Menschen? Oder sind Sie so ungeheuer selbstbezogen, daß Sie nie irgend etwas wahrnehmen? Liebe erzeugt Mitgefühl. Mitgefühl bedeutet nicht, irgendeine soziale Tätigkeit auszuüben. Mitgefühl hat seine eigene Intelligenz. Aber Sie wissen nichts von alledem. Alles, was Sie kennen, sind Ihre Wünsche, Ihre Ambitionen, Ihre Täuschungen, Ihre Unaufrichtigkeiten. Wenn man Ihnen tiefgründigere Fragen stellt, solche, die Sie aufrühren, werden Sie gleichgültig. Wenn ich Ihnen eine Frage in dieser Art stelle – ob Sie jemanden lieben –, dann sind Ihre Gesichter leer. Das ist das Resultat Ihrer Religion, Ihrer absurden Hingabe an Ihre Gurus, Ihrer Ergebenheit an Ihre Leitpersonen – Sie sind verängstigt, daher folgen Sie ihnen. Am Ende all dieser Jahrtausende sind Sie das, was Sie sind, denken Sie doch nur einmal darüber nach, was für eine Tragödie das doch ist! Das ist Ihre Tragödie, verstehen Sie? Lassen Sie sich also fragen, wenn ich das als ein Freund fragen darf, der mit Ihnen bis hierher gelangt ist: Wissen Sie, was Liebe bedeutet? Liebe, die nichts voneinander fordert? Fragen Sie sich selbst. Diese Liebe fordert nichts von Ihrer Frau, von Ihrem Mann – nichts Physisches, Emotionales, Intellektuelles. Sie verlangt nicht, andern zu folgen, ein Konzept zu haben und sich nach diesem zu richten. Weil

Liebe nicht Eifersucht ist, hat sie keine Macht im gewöhnlichen Sinn des Wortes. Liebe trachtet nicht nach Status oder Macht. Liebe hat ihre eigene Kraft, ihre eigenen Fähigkeiten, ihre eigene Intelligenz.

26. November 1981

4

Madras

Gestern haben wir über Konflikte gesprochen. Wir stellten
fest, daß die Menschen seit Jahrtausenden auf dieser schö-
nen Erde mit ihren ungeheuren Schätzen, mit ihren Bergen,
Flüssen und Seen existieren und daß wir dennoch in ständi-
gem Konflikt gelebt haben. Nicht nur im äußerlichen Konflikt mit der Umgebung, mit der Natur, mit unseresgleichen,
sondern auch in einem innerlichen, sozusagen geistigen
Konflikt. Wir leben noch immer in beständigem Konflikt –
vom Augenblick der Geburt bis zum Tod. Wir tolerieren
diesen Konflikt, wir haben uns mit ihm abgefunden, uns an
ihn gewöhnt. Wir suchen und finden viele Gründe, diesen
Konflikt zu rechtfertigen. Wir glauben, daß Konflikt,
Kampf, ständiges Streben Fortschritt bedeutet – äußerlichen Fortschritt oder innerliche Vervollkommnung –, Fortschritt in Richtung auf das höchste Ziel hin. Es gibt viele
Formen des Konflikts: den Menschen, der darum ringt,
irgend etwas zu erreichen, und den Menschen, der mit der
Natur ringt und versucht, sie zu erobern.

Wie haben wir diese Welt doch reduziert! Es ist eine so
schöne Welt mit ihren herrlichen Hügeln, wunderbaren
Bergen, gewaltigen Flüssen. Nach dreitausend Jahren
menschlichen Leids, menschlichen Ringens, Gehorsams,
Einanderzerstörens haben wir die Erde auf eine Wildnis
reduziert, die voller wilder rücksichtsloser Menschen ist, die

sich keinen Deut um die Erde kümmern, um die Schönheit eines Sees, eines Teiches, eines rasch dahinströmenden Flusses – niemand scheint sich darum zu kümmern. Wir sind lediglich an unserem eigenen kleinen Ich interessiert, an unseren persönlichen kleinen Problemen – und das nach drei- bis fünftausend Jahren sogenannter Kultur.

Wir werden heute nachmittag Tatsachen ins Auge sehen müssen. Das Leben ist außergewöhnlich gefährlich, unsicher und höchst bedeutungslos geworden. Sie können zwar jede Menge »Sinn« oder Bedeutung erfinden, aber das wirkliche tägliche Leben, sei es nun dreißig, vierzig oder einhundert Jahre gelebt, hat jeden Sinn verloren – bis auf den »Sinn«, Geld anzuhäufen, jemand zu sein, Macht zu haben und so weiter. Das muß einmal deutlich ausgesprochen werden.

Kein Politiker noch irgendeine Form von Politik, ob von links, von rechts oder aus der Mitte, wird irgendeines unserer Probleme lösen. Politiker sind nicht daran interessiert, Probleme zu lösen. Sie sind lediglich mit sich selbst beschäftigt und damit, ihre Positionen zu halten. Und die Gurus und Religionen haben die Menschen betrogen. Sie haben die Upanischaden, die Brahmasutren, die Bhagavad Gita gelesen, ohne daß sie eine Wirkung gehabt hätten. Es ist das Spiel der Gurus, sie Zuhörern laut vorzulesen, von denen angenommen wird, sie seien erleuchtet, intelligent. Sie können sich weder auf die Politiker verlassen, noch auf die Regierung, auf die religiösen Schriften oder auf irgendeinen Guru, wer immer er auch sein mag, weil sie das Land zu dem gemacht haben, was es ist. Wenn Sie auch weiterhin nach Anleitung und Führung trachten, so wird Sie das auf den falschen Weg bringen. Da niemand Ihnen helfen kann – niemand! –, müssen Sie die Verantwortung für sich selbst ganz übernehmen – die Verantwortung für Ihre Haltung, Ihr Verhalten, Ihre Handlungen.

Es ist notwendig und wichtig herauszufinden, ob wir ohne

jeden Konflikt leben können, sowohl äußerlich wie innerlich. Wir müssen fragen, warum die Menschen nach all
diesen Jahrtausenden das Problem der Konflikte untereinander und in sich selbst nicht gelöst haben. Das ist eine sehr
bedeutsame Frage: Warum unterwerfen wir uns dem Konflikt, warum erliegen wir ihm und sind uns seiner doch nicht
bewußt? Was soll das Ringen, jemand zu werden oder etwas
nicht zu werden, der Kampf um irgendein Resultat, um
persönliche Weiterentwicklung oder persönlichen Erfolg,
das Bestreben, die eigenen Wünsche zu erfüllen, der Konflikt des Krieges, die Kriegsvorbereitung?

Es gibt Konflikte zwischen Mann und Frau, sexuell und in
ihren alltäglichen Beziehungen zueinander. Offensichtlich
besteht dieser Konflikt nicht nur auf der bewußten Ebene,
sondern auch tief drinnen in den äußersten Winkeln des
Gehirns. Es gibt Zielkonflikte – wenn man versucht, etwas
zu sein, was man nicht ist, wenn man versucht, den Himmel
zu erlangen, Gott, oder wie Sie die Sache auch nennen
mögen, die Sie verehren und anbeten. Es gibt den Konflikt
in der Meditation, wenn man darum ringt, meditieren zu
können, im Kampf gegen Lethargie und Indolenz. Von der
Geburt an bis zu unserem Tod ist unser Leben ein ständiger
Konflikt.

Wir müssen gemeinsam herausfinden, warum der
Mensch, Sie als menschliches Wesen, das die ganze Welt
repräsentiert, den Konflikt toleriert, sich mit ihm abgefunden hat, ihn zur Gewohnheit werden ließ. Wir wollen
ernsthaft miteinander bedenken, ob es möglich ist, völlig
konfliktfrei zu leben; denn Konflikt – bewußt oder unbewußt – bringt zwangsläufig eine Gesellschaft hervor wie die
unsere, eine konfliktbeladene Gesellschaft. Die Gesellschaft ist keine Abstraktion, keine Vorstellung. Die Beziehungen zwischen den Menschen schaffen die Gesellschaft.
Sind diese Beziehungen mit schmerzlichen, deprimierenden

und angstvollen Konflikten belastet, dann schaffen wir eine entsprechende Gesellschaft. Das ist eine Tatsache. Die Idee der Gesellschaft ist nicht die wirkliche Gesellschaft. Gesellschaft ist das, was wir für- und miteinander sind. Und nun fragen wir uns, ob dieser Konflikt je enden kann.

Was ist ein Konflikt? Wenn wir nicht akzeptieren, was wirklich ist, wenn wir in etwas flüchten, was ein Ideal genannt wird – das Gegenteil dessen, was ist –, dann ist der Konflikt unvermeidlich. Ist man nicht dazu fähig wahrzunehmen, was man tatsächlich denkt und tut, dann weicht man dem aus, was ist, und schafft ein Ideal. Daraus entstehen Konflikte zwischen »dem, was ist« und »dem, was sein sollte«. Ich spreche hier nicht zu meinem eigenen Vergnügen, sondern um Ihnen nahezubringen, daß es eine Art von Leben gibt, in dem keinerlei Konflikte auftreten – wenn Sie das ernsthaft wollen. Wenn Sie daran interessiert sind, wenn Sie sich davon betroffen fühlen, wenn Sie ein Leben ohne das Gefühl vergeblicher Anstrengungen führen möchten, dann hören Sie bitte sorgfältig zu – nicht auf die Wort des Redners, sondern auf die Tatsachen, so daß aus dieser Wahrnehmung Ihre eigene wird. Es geht nicht darum, daß der Redner dies und das ausführt, sondern daß wir etwas gemeinsam in Augenschein nehmen. Es hätte für den Redner keinen Sinn, in leere Gesichter zu sprechen, oder vor Menschen, die gelangweilt sind. Da Sie die Unbequemlichkeit auf sich genommen haben, hierher zu kommen und unter diesen herrlichen Bäumen zu sitzen, bringen Sie bitte auch die nötige Aufmerksamkeit auf, denn wir sprechen über sehr ernste Dinge.

Wir haben festgestellt, daß es zu Konflikten kommt, wenn wir nicht wahrnehmen, was tatsächlich geschieht, wenn wir diese Wirklichkeit in eine idealistische Sprache fassen, ihr immer mit einem Konzept dessen begegnen, »was sein sollte« – ob wir es nun bloß akzeptiert oder selbst geschaffen haben. Wenn eine Kluft zwischen »dem, was ist« und »dem, was sein sollte« entsteht, dann kommt es zu Konflikten. Wir werden also zu untersuchen haben, warum sich die Menschen der Wirklichkeit nicht stellen wollen, sondern stets versuchen, vor ihr davonzulaufen.

In diesem Land wird seit jeher über Gewaltlosigkeit gesprochen. Immer und immer wieder ist von den verschiedenen Führungspersönlichkeiten politische und religiöse Gewaltlosigkeit gepredigt worden. Gewaltlosigkeit ist kein Faktum; sie ist lediglich eine Idee, eine Theorie, ein Wortgebilde. Tatsache ist, daß Sie gewalttätig sind. Das ist ein Faktum. Das ist »das, was ist«. Aber wir können »das, was ist« nicht begreifen. Aus diesem Grund haben wir diesen Unsinn von der Gewaltlosigkeit geschaffen. Und genau das gibt dem Konflikt zwischen »dem, was ist« und »dem, was sein sollte« Auftrieb. Während der ganzen Zeit, in der Sie Gewaltlosigkeit anstreben, säen Sie doch nur Gewalt. Das liegt ganz offen zutage. Können wir also gemeinsam »das, was ist« betrachten – ohne Idealvorstellungen, ohne Unterdrückungsversuche oder Ausflüchte? Durch unsere tierische Erbmasse – von den Affen und so weiter – sind wir gewalttätig. Gewalt hat viele Formen; sie zeigt sich nicht nur in brutalen Aktionen, Schlägereien. Die Gewalt ist ein höchst kompliziertes Thema, sie beinhaltet auch Imitation, Konformität, Unterwürfigkeit. Sie entsteht, wenn man vorgibt, etwas zu sein, was man nicht ist.

Wir sind gewalttätig. Das ist eine Tatsache. Wir werden zornig, wir passen uns an, wir sind unterwürfig, wir sind aggressiv – und Aggression nimmt ebenfalls vielfältige Formen an. Es gibt die höfliche, freundliche Aggressivität, die mit den Glacéhandschuhen, die durch Zuneigung zu überzeugen versucht. Das ist eine Form von Gewalt. Einen Menschen dazu zu nötigen, einem bestimmten Gedankengang zu folgen, ist Gewalt. Gewalt ist es auch, sich als etwas anzusehen, was man nicht ist. Verstehen Sie, daß Gewalt nicht nur darin besteht, wütend zu werden oder jemanden zu verprügeln – das ist eine sehr durchsichtige Form von Gewalt. Gewalt ist überaus komplex, und um sie zu verstehen, um zu ihrem Kern vorstoßen zu können, muß man diese Tatsache erst einmal akzeptieren und nicht nur beteuern: »Wir sollten gewaltlos sein.«

Es gibt nur das, was ist – Gewalt. Gewaltlosigkeit ist unwirklich, keine Tatsache. Sie ist eine Projektion des Denkens, um vor der Gewalt zu flüchten oder sie zu akzeptieren und so zu tun, als könnten wir gewaltlos werden. Können wir also die Gewalt frei von Idealen, frei von allen Flucht- und Unterdrückungsversuchen betrachten und gemeinsam untersuchen, was Gewalt ist?

Dazu müssen wir gemeinsam herausfinden, wie man betrachtet. Dafür gibt es keine Autorität. Es ist sehr schwierig, Gewalt wirklich unvoreingenommen zu betrachten. Es ist wichtig zu wissen, wie man betrachtet, wie man wahrnimmt, was in der Welt vor sich geht – das Elend, die Konfusion, die Heuchelei, den Mangel an Integrität, die Brutalität, den Terrorismus, die Geiselnahmen und die Gurus, die ihre eigenen besonderen Konzentrationslager haben. Lachen Sie bitte nicht – auch Sie gehören dazu. Es ist alles Gewalt. Wie kann jemand sagen: »Ich weiß, folge mir?« Das ist ein skandalöser Satz. Also fragen wir: Wie haben wir zu betrachten? Wie sehen Sie Ihre Umgebung, die Bäume, den Teich dort hinten, die Sterne, den jungen Mond, die einsame Venus, den Abendstern, die Herrlichkeit eines Sonnenuntergangs? Wie nehmen Sie solche Schönheit in sich auf – falls Sie überhaupt schon einmal auf sie geachtet haben? Sie können sie nicht wahrnehmen, wenn Sie mit sich selbst beschäftigt sind, mit Ihren Problemen, Ihren Vorstellungen, Ihrem eigenen komplexen Denken. Sie können nicht betrachten, wenn Sie voreingenommen sind, wenn Sie sich an irgendeine Art von Logik oder auch an Ihre besonderen Erfahrungen klammern. Wie betrachten Sie also diesen Baum – diese wundervolle Sache, Baum genannt –, wie sehen Sie seine Schönheit? Mit welchen Augen sehen Sie jetzt, da Sie hier sitzen, umgeben von all diesen Bäumen? Haben Sie sie schon einmal richtig angesehen? Haben Sie die Blätter betrachtet, ihr Flattern im Wind, die Schönheit des Lichts im Laubwerk? Haben Sie das schon einmal wirklich beobachtet? Können Sie einen Baum anschauen, oder den jungen Mond oder den ersten Stern am Abendhimmel, ohne die Worte Mond, Stern, Himmel zu sagen – wortlos? Denn das Wort ist nicht der tatsächliche Stern, der wirkliche Mond. Können Sie also das Wort beiseite lassen und einfach schauen?

Und können Sie auch Ihre Ehefrau, Ihren Ehemann »wortlos« betrachten? Ohne alle Erinnnerungen, wie intim sie auch sein mögen, ohne all die angesammelte Erinnerung an die Vergangenheit – mögen das nun zehn Tage oder fünfzig Jahre gewesen sein? Haben Sie das jemals getan? Selbstverständlich nicht. Lassen Sie uns also gemeinsam lernen, wie man zum Beispiel eine Blume wahrnimmt. Wenn Sie wissen, wie man eine Blume anschaut, liegt in diesem Blick Ewigkeit. Lassen Sie sich nicht von meinen Worten verwirren. Wenn Sie wissen, wie man einen Stern betrachtet, einen dichten Wald, dann sehen Sie den Raum, zeitlose Ewigkeit. Aber um »wortlos«, ohne vorgefertigte Bilder wahrzunehmen, müssen Sie in Ihrer Umgebung beginnen. Sie müssen in der Nähe beginnen, um sehr weit kommen zu können. Wenn Sie das nicht tun, können Sie auch nicht sehr weit kommen. Wenn Sie einen Berg erklimmen oder ins nächste Dorf laufen wollen, dann kommt es auf den ersten Schritt an. Es kommt darauf an, wie Sie laufen, mit welcher Leichtigkeit, in welchem Gefühl. Daher sagen wir, daß man, um sehr, sehr weit zu kommen – zur Ewigkeit –, ganz in der Nähe, mit Ihrer Beziehung zu Ihrer Ehefrau oder Ihrem Ehemann beginnen muß. Können Sie nicht ohne die Worte »meine Frau«, »mein Mann«, »mein Neffe« oder »mein Sohn« auskommen? Ohne die Erinnerung an all die Kränkungen, ohne an all die vergangenen Dinge zu denken? Tun Sie es jetzt, während Sie hier sitzen – schauen Sie. Wenn Sie in der Lage sind, Ihre Vergangenheit beiseite zu lassen und einander ohne die Bilder wahrzunehmen, die Sie voneinander und von sich selbst haben, dann besteht zwischen Ihnen die richtige Beziehung. Wenn Sie das jedoch nicht können, dann sind Sie wie zwei Eisenbahnschienen, die einander nie begegnen. Das ist Ihre Beziehung. Ich frage mich, ob Sie sich all dessen bewußt sind.

Wir lernen gemeinsam, wie man diesen Baum betrachtet, wie man neben seinem Nachbarn sitzt und die Farbe seines Hemdes, die Farbe ihres Saris, den Schnitt des Gesichtes kritiklos wahrnimmt, ohne jede Zu- oder Abneigung nur betrachtet. Auf die gleiche Weise können Sie jetzt auch Ihre Gewalttätigkeit betrachten, das heißt Ihre Irritation, Ihre Anpassung, Ihr Sich-Abfinden, das Sich-Gewöhnen an den Schmutz und die Verwahrlosung rund um Ihre Häuser. Können Sie das alles auf diese Weise betrachten? Wenn Sie es tun, liegt Ihre ganze Energie in der Wahrnehmung. Und wenn Sie Ihre Gewalttätigkeit so betrachten, wenn Sie ganz auf sie eingegangen sind, dann werden Sie feststellen, daß sie – da Sie alle Energie auf das Beobachten verwandt haben – gänzlich verschwindet. Wiederholen Sie nicht einfach, wenn ich das mit allem Respekt verlangen darf, wiederholen Sie nicht einfach, was Sie gerade gehört haben. Durch mechanisches Wiederholen wird das, was der Redner gesagt hat, zum Aufguß. Genauso, wie Sie sich durch das ständige Nachbeten der Upanischaden, der Brahmasutren und all der Bücher zu Menschen aus zweiter Hand machen. Das scheint Ihnen nicht viel auszumachen, oder? Sie empfinden nicht einmal Schamgefühle deswegen, Sie nehmen es einfach hin. Dieses Hinnehmen ist ein Teil des komplexen Problems der Gewalt.

Wir stellen fest, daß es möglich ist, konfliktfrei zu leben, wenn es keinen Dualismus gibt. Wenn Sie einen bestimmten Bewußtseinsstand erreicht haben, gibt es keinen wirklichen Dualismus mehr, es gibt nur »das, was ist«. Der Dualismus existiert nur dann, wenn Sie versuchen, »das, was ist« zu leugnen oder vor ihm in »das, was sein sollte« zu flüchten. Ist das klar? Sind wir uns in dieser Sache einig? Ich habe schon mit vielen Philosophen, Vedanta-Panditen und Gelehrten darüber gesprochen. Aber auch sie leben wie alle anderen im Dualismus. Damit ist kein physischer Dualismus, etwa von Mann und Frau, Groß und Klein, heller oder dunkler Hautfarbe gemeint – das ist kein echter Dualismus. Es herrscht die Vorstellung, daß Konflikte notwendig seien, weil wir im Dualismus leben, und folglich jene, die von Gegensätzen frei sind, erleuchtete Menschen seien. Um diese Vorstellung herum wird eine Philosophie entwickelt. Sie lesen davon, Sie erkennen sie an und bleiben dort stecken, wo Sie sind. Demgegenüber sagt der Redner, daß es in Wirklichkeit gar keinen Dualismus gibt. Aber man ist nicht schon frei vom Dualismus, bloß weil man irgendwelche »geistigen Höhen« erklommen hat. Im Gegenteil, Sie werden niemals »geistige Höhen« erklimmen können, wenn Sie im Dualismus leben, weder jetzt noch in irgendeiner künftigen Reinkarnation oder am Ende Ihres Lebens. Der Redner sagt, es gibt nur »das, was ist«, nichts sonst. »Das, was ist« ist die einzige Realität. Sein Gegenteil ist die Nicht-Existenz. Ich hoffe, daß dies ganz deutlich geworden ist, selbst wenn Sie es nur mit dem Verstand begreifen, denn wenn Sie Ihren Verstand, Ihre Fähigkeit zum logischen Denken wirklich benutzen, ist »das, was ist« wichtiger als »das, was sein sollte«. Wir hängen an »dem, was sein sollte«, weil wir mit »dem, was ist« nicht fertig werden. Wir setzen es ein, um uns von »dem, was ist« zu befreien.

Es gibt also nur »das, was ist«. Daher existiert kein Dualismus. Es gibt nur Habsucht, keine Nicht-Habsucht. Wenn Sie die Tiefe der Gewalt einsehen, ohne vor ihr zu flüchten, ohne zu irgendwelchen idiotischen Idealen von Gewaltlosigkeit überzulaufen, wenn Sie sie aus großer Nähe sehr genau betrachten, das heißt ihr all Ihre Energie zuwenden, anstatt sie wie bisher damit zu vergeuden, die Gewalt zu unterdrücken oder vor ihr zu fliehen – denn das ist Vergeudung, also Konflikt –, dann gibt es keine Konflikte mehr. Haben Sie das verstanden, wirklich in sich aufgenommen?

Nehmen Sie einmal an, jemand sei neidisch auf einen anderen, der sehr klug und einfühlsam ist, der die Schönheit der Erde erkennt und sich an ihr erfreut, obwohl sie dem ersten nichts bedeutet. Dann möchte der erste so sein wie der zweite. Also beginnt er, ihn zu imitieren – die Art, wie er sich bewegt, sein Aussehen, sein Lächeln. Dennoch ist er immer noch habgierig. Von Kindesbeinen an dazu erzogen, nicht habgierig zu sein, hat man nicht begriffen, daß das »nicht« lediglich auf das Gegenteil hinweist, auf das, was man ist. So wurde man konditioniert. Man bekam Bücher in die Hand gedrückt, die verkündeten, es gäbe den Dualismus, und man hat es akzeptiert. Diese Konditionierung aufzubrechen ist sehr schwierig. Denn sie verstellt uns die Einsicht in die einfache Tatsache, die da heißt: Es gibt nur »das, was ist«. Gut ist nicht das Gegenteil von Böse. Wenn das Gute aus Bösem geboren wurde, dann enthält es das Böse. Denken Sie darüber nach, arbeiten Sie daran und trainieren Sie Ihren Geist, um stets mit dem zu leben, »was ist«, was tatsächlich vor sich geht, äußerlich und innerlich. Ist jemand neidisch – leben Sie mit dieser Wirklichkeit, nehmen Sie sie wahr. Auch für den Neid gilt, daß er ein sehr komplexer Prozeß ist; er ist Teil des Wettbewerbs, des Verlangens danach, vorwärtszukommen, politisch, religiös und geschäftlich. Er ist Teil unserer Erziehung, und diese Tradition aufzubrechen verlangt eine äußerst intensive Wahrnehmung; nicht um das Gegenteil der Tradition zu erreichen, sondern um zu erkennen, was sie ist. Ich hoffe, der Redner kann das deutlich genug machen. Sie alle sind in der Tradition befangen, Sie wiederholen psychisch und sogar intellektuell, was Ihnen gesagt worden ist; Ihre Religionen basieren darauf.

Aber wenn Sie erst einmal die Tatsache erkannt haben, daß es nur das gibt, »was ist«, und es mit aller Ihnen zur Verfügung stehenden Energie wahrnehmen, dann werden Sie sehen, das »das, was ist« keinerlei Wert hat. Es ist absolut nicht-existent.

Seit der Kindheit werden wir dazu angehalten, gut zu sein. Das Wort »gut« ist ein altmodisches Wort, aber auch ein wundervolles. Gut zu sein heißt, richtig zu sein – richtig zu sprechen, sich richtig zu verhalten –, nicht nur einer Vorstellung des Rechten zu entsprechen. Richtig zu sein heißt, konkret, bestimmt, unprätentiös zu sein. Die Eltern und die Lehrer fordern es: »Sei gut.« Aber man ist nicht gut. Und so wird ein Konflikt geschaffen zwischen dem, was man ist, und dem, was man sein sollte. Man begreift die Bedeutung des Wortes auch nicht. Es ist sehr subtil, es muß sehr genau betrachtet werden. Gut zu sein bedeutet auch, ganz aufrichtig zu sein, das heißt, sich nicht einfach nach Traditionen oder Moden zu richten, sondern im Sinne der eigenen Integrität zu handeln, die über eine besondere Intelligenz verfügt. Gut zu sein bedeutet auch, ein Ganzes zu sein, nicht unvollständig. Aber als Kind unserer chaotischen Traditionen ist man unweigerlich kein Ganzes. Wichtiger als zu wissen, was Gutsein bedeutet, ist es aber zu erkennen, warum der Geist in der Tradition befangen ist. Man hat also zu begreifen, warum der Geist, der ebenfalls sehr subtil ist und über große Tiefe verfügt, warum dieser Geist der Tradition gefolgt ist. Er ist ihr gefolgt, weil Sicherheit darin liegt, sich an das zu halten, was die Eltern gesagt haben und so weiter. Es vermittelt einem das Gefühl von Sicherheit und Schutz – eine falsche Sicherheit und einen trügerischen Schutz. Man glaubt, man sei sicher, ist es aber nicht. Es könnte sein, daß Sie nicht auf den Redner hören wollen, weil Sie befürchten, dann ohne die Tradition leben zu müssen und der Aufmerksamkeit aller ausgesetzt zu sein.

Ihr Glauben an Gott ist Ihre letzte Sicherheit. Sehen Sie doch nur, was das Denken bewirkt hat! Es hat das Bild eines Gottes geschaffen, das Sie nun anbeten. Das ist Selbstanbetung. Und dann beginnen Sie zu fragen, wer die Erde geschaffen hat, den Himmel, das Universum und so weiter. So zerstört die Tradition den menschlichen Geist. Er ist repetitiv geworden, mechanisch, er besitzt keine Vitalität mehr bis auf die, Geld zu verdienen, für den Rest des Lebens jeden Morgen ins Büro zu gehen und schließlich zu sterben. Es ist also wichtig herauszufinden, ob Sie traditionsfrei leben, ohne jeden Konflikt existieren können, ob Sie jeden Tag mit dem leben können, »was ist«, ob Sie es wahrnehmen – nicht nur äußerlich, sondern auch innerlich. Dann werden Sie eine Gesellschaft schaffen, in der es keine Konflikte mehr gibt.

27. Dezember 1981

5

Bombay

Der Durchschnittsmensch vergeudet sein Leben; er verfügt über ein großes Energiepotential, aber er verschwendet es. Er verbringt seine Tage im Büro oder damit, seinen Garten umzugraben, oder als Rechtsanwalt oder etwas anderes, oder er führt das Leben eines Sanyassin. Das Leben eines Durchschnittsmenschen erscheint im Grunde genommen äußerst sinnlos, ohne Bedeutung. Blickt er zurück, wenn er fünfzig, achtzig oder hundert Jahre alt ist, was hat er mit seinem Leben angefangen?

Das Leben hat eine höchst außergewöhnliche Bedeutung mit seiner großen Schönheit, seinem großen Leid, den Ängsten, der Anhäufung von Geld durch Arbeit von acht oder neun Uhr früh bis nachmittags um fünf über Jahre und Jahre hinweg. Am Ende dann die Frage: Was haben wir aus unserem Leben gemacht? Geld, Sex, der ständige Existenzkampf, der Überdruß, die Plackerei, das Unglücklichsein und die Frustrationen – die wir alle haben – und vielleicht gelegentliche Freuden; aber vielleicht lieben Sie jemanden absolut, umfassend, ohne jeden Eigennutz.

Es scheint so wenig Gerechtigkeit in der Welt zu geben. Die Philosophen haben sehr viel über Gerechtigkeit geredet. Die Sozialarbeiter sprechen von ihr. Den Durchschnittsmenschen verlangt es nach ihr. Aber gibt es im Leben überhaupt Gerechtigkeit? Da ist einer klug, sitzt an der richtigen Stelle, verfügt über einen wachen Geist, sieht gut aus. Ein anderer hat nichts. Einer ist gut ausgebildet, kultiviert, hat alle Freiheiten, das zu tun, was ihm gerade gefällt. Ein anderer ist ein Krüppel, arm an Geist, arm am Herzen. Einer ist schriftstellerisch begabt, kann sich gut ausdrücken. Ein anderer nicht. Das ist das Problem der Philosophie mit ihrer Liebe zur Wahrheit und zum Leben gewesen. Aber vielleicht liegt Wahrheit im Leben, nicht in den Büchern; im Leben, nicht in den Vorstellungen. Vielleicht liegt Wahrheit darin, wo wir leben und wie wir leben. Schaut man sich um, so scheint das Leben für die meisten Menschen leer und bedeutungslos zu sein. Kann der Mensch jemals Gerechtigkeit erlangen? Gibt es überhaupt irgendeine Gerechtigkeit in der Welt? Einer ist blond, ein anderer dunkelhaarig. Einer ist gescheit, sach- und problembewußt, einfühlsam, liebt den herrlichen Sonnenuntergang, die Schönheit des Mondes, das erstaunliche Schimmern des Wassers – einer nimmt das alles wahr, ein anderer nicht. Einer ist vernunftbegabt, bei klarem Verstand, gesund, ein anderer nicht. Also fragt man sich doch ernsthaft, ob es in der Welt überhaupt Gerechtigkeit gibt.

Vor dem Gesetz sind alle Menschen angeblich gleich; aber manche sind »gleicher« als andere, die nicht über das nötige Geld verfügen, sich gute Anwälte leisten zu können. Manche sind hoch-, andere niedriggeboren. Wenn man das alles betrachtet, dann gibt es in der Welt offenbar wenig Gerechtigkeit. Aber wo gibt es dann Gerechtigkeit? Es scheint so, daß es nur dort Gerechtigkeit gibt, wo Mitgefühl existiert. Mitgefühl ist das Ende des Leids. Mitgefühl kommt nicht aus irgendeiner Religion oder aus der Zugehörigkeit zu irgendeinem Kult. Sie können als Hindu mit all Ihrem Aberglauben und Ihren erfundenen Göttern nicht wirklich mitfühlend sein. Um Mitgefühl empfinden zu können, muß man frei sein, absolut frei von allen Konditionierungen. Ist eine solche Freiheit möglich? Der menschliche Geist ist seit Millionen von Jahren konditioniert worden. Das ist eine Tatsache. Und es sieht so aus, daß uns unser ständig zunehmendes Wissen nur noch tiefer in den Sumpf führt. Aber wo Mitgefühl existiert, gibt es auch Intelligenz, und diese Intelligenz besitzt Einsicht in Gerechtigkeit.

Wir haben die Vorstellungen vom Karma und von der Reinkarnation geschaffen. Und wir glauben, daß durch die Entwicklung derartiger Vorstellungen, derartiger Systeme über etwas, was in der Zukunft geschehen soll, das Problem der Gerechtigkeit gelöst ist. Gerechtigkeit beginnt aber nur dort, wo der Geist sehr klar ist und wo es Mitgefühl gibt.

Unsere Gehirne sind sehr komplizierte Instrumente. Ihr Gehirn oder das des Redners ist Teil des Gehirns der gesamten Menschheit. Es hat sich nicht erst vom Zeitpunkt der Geburt an bis heute entwickelt. Es hat sich schon seit endlosen Zeiten entwickelt und bedingt unser Bewußtsein. Dieses Bewußtsein ist nicht persönlich; es ist der Grund, auf dem alle menschlichen Wesen stehen. Schauen Sie es sich an, dieses Bewußtsein mit seinen Glaubensüberzeugungen, Dogmen, Konzepten, Ängsten, Freuden, Qualen, Depressionen, Einsamkeit und Verzweiflung; es ist nicht Ihr bloß individuelles Bewußtsein. Es ist nicht das Individuum, das dieses Bewußtsein trägt. Wir sind zwar nachdrücklich konditioniert zu glauben, wir seien separate Individuen; dennoch ist es nicht Ihr Gehirn oder meines. Wir sind nicht separiert. Wir sind nur durch Erziehung und Religion so konditioniert, daß wir glauben, wir seien separate Wesen mit separaten Seelen und so weiter. Wir sind jedoch keine Individuen. Wir sind das Resultat von Tausenden von Jahren menschlicher Geschichte, menschlichen Strebens und Ringens. Wir sind konditioniert und deshalb niemals wirklich frei. Solange wir mit einem Konzept leben, mit bestimmten Vorstellungen oder Idealen, sind wir nicht frei, und daher gibt es auch kein Mitgefühl. Nur in der Freiheit, nur wenn wir frei von jeder Konditionierung sind – das heißt, weder Hindu, noch Christ, noch Moslem oder Buddhist sein müssen und frei sind von den Einschränkungen des Spezialistentums (obwohl die Spezialisierung durchaus ihren Platz hat) oder der Jagd nach Geld –, kann es Mitgefühl geben. Solange wir aber so konditioniert sind wie im Augenblick, kann es keine Freiheit für uns geben. Es gibt keinen »Aufstieg« durch Wissen, wie manche Philosophen und Biologen sagen. Wissen ist notwendig – um ein Auto fahren zu können, Geschäfte abzuwickeln, von hier nach Hause zu gehen, die technologische Entwicklung voranzutreiben –, aber nicht das psychische Wissen, das man über sich selbst ansammelt und im Gedächtnis speichert, die Erinnerung, die das Ergebnis äußeren Drucks und innerer Forderungen ist.

Unser Leben ist auseinandergebrochen, zerstückelt, geteilt, nie ist es ein Ganzes; wir verfügen über keine ganzheitliche Betrachtungsweise. Stets betrachten wir von einem besonderen Standpunkt aus. Wir sind innerlich gebrochen, so daß unser Leben einen Widerspruch in sich selbst darstellt, deshalb leben wir in beständigem Konflikt. Wir betrachten das Leben niemals als ein unteilbares Ganzes. Das Wort »Ganzes« bedeutet, geistig gesund zu sein; es bedeutet auch das Heilige. Dieses Wort ist von großer Bedeutung. Es ist nicht so, daß die verschiedenen Fragmente in unserem Bewußtsein integriert würden. (Obwohl wir immer wieder versuchen, die Widersprüche zu integrieren.) Ist es aber möglich, das Leben als Ganzes zu sehen, das Leiden, die Freuden, die Qual, die ungeheuren Ängste, die Einsamkeit, das Ins-Büro-Gehen, ein Haus zu haben, Sex, Kinder zu haben – so, als wären das keine separaten Bereiche, als gehörte das alles zu einer holistischen, ganzheitlichen Bewegung, einer unitarischen Aktion? Ist das überhaupt möglich? Oder müssen wir für immer in der Zerstückelung leben und daher im Konflikt? Ist es möglich, die Zerstückelung wahrzunehmen und dennoch die Identifikation mit diesen Fragmenten zu erreichen? Wahrzunehmen, nicht zu korrigieren, davonzulaufen, zu überwinden oder zu unterdrücken, sondern wahrzunehmen? Es geht nicht darum, etwas dagegen zu unternehmen. Wenn Sie das tun, handeln Sie fragmentarisch und schaffen weitere Aufsplitterungen. Wenn Sie jedoch zu ganzheitlicher Betrachtung fähig sind, die ganze Bewegung des Lebens in eins sehen können, verschwindet der Konflikt mit seiner destruktiven Energie nicht nur, sondern es entsteht eine völlig neue Einstellung zum Leben.

Ich frage mich, ob sich jemand bewußt ist, wie auseinandergebrochen das tägliche Leben des einzelnen ist? Und wenn man sich dessen bewußt ist, fragt man dann: Wie kann ich das alles zusammenbringen, um ein Ganzes entstehen zu lassen? Und wer ist das Wesen, das »Ich«, das all die verschiedenen Teile zusammenbringt und sie integriert? Ist dieses Wesen nicht auch ein Fragment? Selbst das Denken ist fragmentarisch, weil das Wissen über irgend etwas nie vollständig ist. Wissen ist angesammelte Erinnerung, und das Denken ist die Reaktion dieser Erinnerung und somit beschränkt. Das Denken kann niemals eine ganzheitliche Betrachtung des Lebens hervorbringen.

Kann also jemand die vielen Fragmente, die unser tägliches Leben ausmachen, betrachten und sie als Ganzes ansehen? Man ist Professor, Lehrer, ein einfacher Haushaltsvorstand oder ein Sannyasin, der der Welt entsagt hat; das ist das alltägliche, bruchstückhafte Leben. Kann man das zerstückelte Leben eines Menschen mit seinen getrennten und trennenden Ambitionen als Ganzes wahrnehmen? Kann man es ohne den Betrachter betrachten? Der Betrachter ist die Vergangenheit, eine Ansammlung von Erinnerungen. Er ist die Vergangenheit, und das heißt Zeit. Die Vergangenheit schaut auf die Zerstückelung; und als Erinnerung ist die Vergangenheit in sich selbst das Resultat vorangegangener Aufsplitterungen. Kann man also wahrnehmen, ohne zu denken, ohne Erinnerung an die Vergangenheit und ohne Benennungen? Denn die Benennung, das Wort ist Vergangenheit, das Wort ist nicht die Sache selbst. Stets nimmt man durch die Brille der Worte wahr, durch oder über Erklärungen, die nur ein Prozeß von Worten sind. Wir nehmen nie direkt wahr. Direkte Wahrnehmung ist Einsicht, die die Gehirnzellen selbst verändert. Das Gehirn des Menschen ist durch die Zeit und durch Denkfunktionen konditioniert. In diesem Kreislauf ist es gefangen. Ist reine Betrachtung irgendeines Problems möglich, dann gibt es eine Transformation, eine Mutation in der Struktur der Zellen.

Wir haben Zeit geschaffen, psychologische Zeit. Wir sind wahre Meister dieser innerlichen Zeit, die das Denken zusammengefügt hat. Daher müssen wir die Beschaffenheit der Zeit begreifen, die der Mensch geschaffen hat – die psychologische Zeit der Hoffnung, die Zeit des Fortschritts. Warum nun haben die Menschen diese Zeit geschaffen – eine Zeit, in der man gut sein wird, eine Zeit, in der man gewaltlos sein wird, Zeit, um zur Erleuchtung zu kommen, Zeit, um irgendeinen erhöhten Zustand des Geistes zu erlangen, Zeit als Meditation? Wenn man sich im Bereich dieser Zeit bewegt, wenn man nach ihr funktioniert, dann beschwört man Widersprüche herauf und somit Konflikte. Psychologische Zeit ist Konflikt.

Es ist wirklich eine große Entdeckung, wenn man erkennt, daß man aus Vergangenheit, Gegenwart und Zukunft besteht. Das ist Zeit als psychologisches Wissen. Man schafft so in unserem Bewußtsein eine Trennung zwischen unserem Leben und der entfernten Zeit, dem Tod. Das heißt, man lebt zwar mit all seinen Problemen, aber so, daß der Tod umgangen, aufgeschoben und in große Distanz verwiesen werden muß – das ist eine weitere Fragmentierung im Leben des einzelnen. Um die Bewegung des Lebens ganzheitlich betrachten zu können, muß man das Leben und das Sterben leben. Aber man klammert sich an das Leben und umgeht den Tod; man spricht nicht über ihn. Man teilt nicht nur sein Leben in Bruchstücke auf, man sondert sich auch vom Tod ab. Was ist denn Tod, wenn nicht ein Bestandteil des Lebens? Man kann noch soviel Angst vor dem Sterben haben, den Tod umgehen und das Leben verlängern wollen – am Ende steht dennoch immer der Tod.

Was ist Leben? Was ist das Leben, das unser Bewußtsein ist? Das Bewußtsein besteht aus seinem Inhalt, und der ist nicht verschieden vom Bewußtsein. Bewußtsein ist das, was man glaubt, ist der Aberglaube, sind die Ambitionen, die Habgier, das Konkurrenzdenken, die Bindungen, das Leiden, die Tiefe der Einsamkeit, die Götter und Rituale – all das macht das Bewußtsein eines Menschen aus, des Bewußtseins, das man selbst ist. Aber dieses Bewußtsein ist nichts Persönliches, es ist das Bewußtsein der Menschheit; man selbst ist die Welt, und die Welt ist man selbst. Der Mensch ist der Inhalt seines Bewußtseins. Dieser Inhalt ist der Grund, auf dem die gesamte Menschheit steht. Daher ist man psychisch, innerlich kein Individuum. Äußerlich mag man sich von anderen unterscheiden. Man kann eine gelbe, braune oder schwarze Haut haben, groß oder klein sein, Frau oder Mann, aber innerlich sind wir alle gleich – vielleicht mit einigen wenigen Variationen, aber die Ähnlichkeit ist die Schnur, die die Perlen zusammenhält. Wir müssen begreifen, was Leben ist, dann können wir fragen, was Sterben ist. Was sich davor abspielt, was vorher ist, ist wichtiger als das, was nach dem Tod geschieht. Was ist das Leben – lange vor dem Ende, der letzten Stunde? Ist das

Leben – diese Plackerei, dieser ständige Kampf, diese Beziehungslosigkeit? Ein Gefühl von tiefinnerlicher Einsamkeit, das ist es, was wir Leben nennen. Um diesem sogenannten Leben zu entfliehen, gehen Sie in Kirchen und Tempel, beten und verehren Sie. Das ist jedoch völlig sinnlos. Wenn Sie Geld haben, schwelgen Sie in Verschwendungssucht – diese Extravaganzen bei Eheschließungen in diesem Land. Sie kennen doch alle die Tricks, die Sie anwenden, um Ihrem eigenen Bewußtsein zu entkommen. Und das ist es, was man Leben nennt. Und der Tod ist das Ende. Das Ende von allem, was Sie kennen. Das Ende jeder Bindung, all des Geldes, das Sie angehäuft haben und das Sie nicht mitnehmen können; daher empfinden Sie Angst. Angst ist ein Teil Ihres Lebens. Wer oder was Sie auch sind, wie reich oder arm, welchen hohen Posten Sie bekleiden, welche Macht Sie ausüben, welche Art von Politiker Sie auch sein mögen – für Sie alle gibt es das Ende, das Tod genannt wird. Was ist es, das da stirbt? Das »Ich« mit all dem, was Sie im Laufe Ihres Lebens angesammelt haben an Schmerz, Einsamkeit, Verzweiflung, Tränen, Lachen, Leiden – das »Ich« in allen seinen Bedeutungen. Das »Ich« ist die Summe all dessen. Ich kann zwar vorgeben, daß in meinem »Ich« irgendein höherer Geist wohnt, das Atman, die Seele, etwas Immerwährendes, aber das ist nur ein Gedankenprodukt; und das Denken ist nicht heilig. Das also ist unser Leben, das »Ich«, an das Sie sich klammern, an das Sie gebunden sind. Und das Ende davon ist der Tod. Es ist die Angst vor dem Bekannten und die Angst vor dem Unbekannten; das Bekannte ist unser Leben, vor dem wir uns fürchten. Das Unbekannte ist der Tod, vor dem wir ebenfalls Angst haben. Haben Sie schon einmal einen Mann oder eine Frau in Todesangst gesehen? Haben Sie das jemals ganz aus der Nähe betrachtet? Der Tod ist die Annullierung von Vergangenheit, Gegenwart und Zukunft, die das »Ich«

ausmachen. Und da Sie Angst vor dem Tod haben, glauben Sie, es gibt ein anderes Leben, das später gelebt werden kann. Sie glauben an die Reinkarnation – vermutlich tun das die meisten von Ihnen. Sie ist eine nette gefällige Tröstung, die von Menschen erfunden wurde, die das Leben nicht verstanden haben, die nicht begriffen haben, was Leben ist. Sie sehen, daß das Leben Schmerz ist, ständiger Konflikt, endloses Elend mit einem gelegentlichen Aufblitzen von Lächeln, Lachen und Freude, und Sie sagen: »Im nächsten Leben werden wir wieder leben; nach dem Tod werde ich meiner Frau begegnen« – oder dem Ehemann, dem Sohn, Gott. Dennoch haben wir nicht verstanden, was wir sind und woran wir gebunden sind. An was sind wir gebunden? An Geld? Wenn Sie an Geld gebunden sind, dann bedeutet das, daß Sie dieses Geld sind. Wenn ein Mann alte Möbel liebt, herrliche, schimmernd polierte Möbel aus dem 14. Jahrhundert, fühlt er sich an sie gebunden; er ist eins mit ihnen. Zu was fühlen Sie sich hingezogen, an was sind Sie gebunden? An Ihren Körper? Wären Sie tatsächlich an Ihren Körper gebunden, dann würden Sie auf diesen Körper achten, vernünftig essen, sich sportlich betätigen, aber das tun Sie nicht. Sie fühlen sich lediglich an eine Vorstellung Ihres Körpers gebunden – nicht an das wirkliche Werkzeug. Wenn Sie sich an Ihre Ehefrau gebunden fühlen, dann wegen Ihrer Erinnerungen. Sind Sie an sie gebunden, dann tröstet sie Sie über dieses und jenes hinweg, mit all den alltäglichen Trivialitäten, und dann kommt der Tod, und Sie sind getrennt.

Daher hat man sehr genau und tiefgehend seine Bindungen zu erforschen. Der Tod gestattet einem nicht, irgend etwas zu behalten, wenn man stirbt. Der Körper wird verbrannt oder beerdigt, und was läßt man zurück? Einen Sohn, für den man eine Menge Geld angehäuft hat, das er ohnehin falsch ausgeben wird. Er wird den Grundbesitz erben, Steuern zahlen und genau die gleichen schrecklichen Ängste durchleiden wie man selbst. Ist es das, woran wir gebunden sind? Oder ist man an das eigene Wissen gebunden, daran, ein großer Schriftsteller gewesen zu sein, ein Dichter oder Maler? Oder ist man an Worte gebunden, da Worte eine ungeheure Rolle im Leben eines Menschen spielen? Einfache, schlichte Worte. Niemals blickt man hinter die Worte. Man erkennt nie, daß das Wort nicht die Sache selbst, daß das Symbol nicht die Realität ist.

Kann sich das Gehirn, das menschliche Bewußtsein von der Angst vor dem Tod befreien? Da man Meister der psychologischen Zeit ist, kann man dann nicht auch mit dem Tod leben – ihn nicht absondern, als sei er etwas, was umgangen werden muß? Der Tod ist Bestandteil des Lebens. Kann man mit dem Tod leben und die Bedeutung des Endes begreifen? Das hieße, die Bedeutung der Negation, das Ende der Bindungen zwischen Menschen, das Ende der Überzeugungen zu verstehen. Wenn man etwas beendet hat, dann beginnt etwas ganz Neues. Kann man also schon im Leben die Bindungen negieren, aufheben, annullieren? Das ist das Leben mit dem Tod. Tod bedeutet das Ende. Auf diese Weise gibt es eine Inkarnation, findet etwas Neues statt. Das Ende ist außergewöhnlich wichtig im Leben, man begreift die Tiefe und Schönheit der Annullierung des Unwahren. Annullieren Sie zum Beispiel die Doppelzüngigkeit eines Menschen. Sind Sie ein Tempelgänger, dann annullieren Sie den Tempel, so daß Ihr Geist eine neue Integrität bekommt.

Tod ist ein Ende und ungewöhnlich bedeutsam. Damit ist nicht Selbstmord oder Euthanasie gemeint, sondern das Ende der Bindungen, des Stolzes, des Antagonismus, des Hasses. Wenn man das Leben ganzheitlich betrachtet, dann sind das Sterben, das Leben, die Agonie, die Verzweiflung, die Einsamkeit und das Leiden eine einzige Bewegung.

Betrachtet man es holistisch, gibt es eine absolute Freiheit vom Tod – nicht in dem Sinne, daß der Körper etwa nicht zerstört würde. Im Ende liegt ein Sinn, und daher gibt es keine Kontinuität – was die Freiheit von der Angst bedeutet, nicht mehr weitermachen zu können.

Wenn man die volle Bedeutung des Todes begreift, dann auch die Vitalität, die Fülle; man ist jenseits des Bewußtseins. Wenn Sie verstehen, daß Leben und Tod eins sind – sie sind eins, wenn Ihr Leben zu enden beginnt –, dann leben Sie Seite an Seite mit dem Tod – das Außergewöhnlichste, was man tun kann. Es gibt weder die Vergangenheit noch die Gegenwart noch die Zukunft; es gibt nur das Ende.

6. Februar 1982

6

New York

Es sollte von Anfang an klar sein, daß wir nicht versuchen, Sie von irgend etwas zu überzeugen. Wir machen keinerlei Propaganda, noch leisten wir neuen Vorstellungen oder irgendwelchen exotischen Theorien oder phantastischen Philosophien Vorschub oder raten zu irgendeiner Glaubensrichtung. Bitte behalten Sie das im Auge. Vielmehr wollen wir, Sie und der Redner, gemeinsam das betrachten, was in der Welt vor sich geht. Aber nicht aus einem besonderen Blickwinkel und nicht aus irgendeiner linguistischen, nationalistischen oder religiösen Grundhaltung heraus. Wenn Sie dazu bereit sind, können wir gemeinsam ohne jedes Vorurteil, offen und ohne jede Verzerrung das betrachten, was sich tatsächlich überall in der Welt abspielt. Es muß klar sein, daß wir einfach hinschauen wollen, keine Partei ergreifen oder nicht bereits über irgendwelche Schlußfolgerungen verfügen, daß wir frei, offen und rational zu betrachten versuchen, warum die Menschen zu dem geworden sind, was sie sind: brutal, gewalttätig, voller phantastischer Ideen, mit nationalistischen und Stammes-Götzen, mit all den unterschiedlichen Glaubensrichtungen, mit all ihren Propheten, Gurus und diesen religiösen Strukturen, die längst jeden Sinn verloren haben.

Eine derartige Betrachtungsweise ist keine Herausforderung, noch bringt Sie Ihnen irgendwelche neuen Erkenntnisse. Betrachtung ist keine Analyse. Betrachtung ohne Verzerrung bedeutet, klar zu sehen, unbeeinflußt von jedem persönlichen oder ideologischen Standpunkt. Es geht bei dieser Betrachtungsweise darum, die Dinge so zu sehen, wie sie sind, sowohl äußerlich als auch innerlich wahrzunehmen, was tatsächlich geschieht und wie wir psychisch leben. Wir werden über diese Dinge wie Freunde sprechen, die an einem Sommertag einen ruhigen Weg entlanggehen, die Augen offenhalten und über ihre Probleme sprechen, über ihren Kummer, ihr Leid und Elend, ihre Verwirrungen, Ungewißheiten, den Mangel an Sicherheit, und deutlich sehen, warum sich die Menschen so verhalten, wie sie es tun. Wir werden danach fragen, warum menschliche Wesen nach vielen Jahrtausenden immer noch leiden, große seelische Qualen empfinden, ängstlich, unsicher und verstört sind, weder äußere noch innere Sicherheit kennen.

Es gibt keine Trennung zwischen dem Äußeren und dem Inneren, zwischen der Welt, die die Menschen sich geschaffen haben, und den inneren Abläufen. Das ist wie Ebbe und Flut – die Flut kommt herein und geht hinaus, aber es ist doch die gleiche Strömung. Es gibt keine Trennung in das Äußere und das Innere, es ist die gleiche Bewegung. Um sie zu verstehen, müssen wir gemeinsam unser Bewußtsein erforschen und wahrnehmen, was wir sind, warum wir uns so verhalten, wie wir das tun, warum wir grausam sind und keine wirklichen Beziehungen zueinander eingehen. Wir müssen untersuchen, warum wir nach Aberjahrtausenden immer noch in beständigem Konflikt und Elend leben und warum die Religionen allen Sinn verloren haben.

Wir werden unsere menschlichen Beziehungen nehmen, wie sie sind, sie genau betrachten und herauszufinden versuchen, ob es irgendeine Möglichkeit für einen grundlegenden Wandel in der menschlichen Beschaffenheit gibt – keinen oberflächlichen Wandel, keine physikalische Revolution, von denen keine einen radikalen Wandel in der Psyche bewirkt hat. Und wir werden herauszufinden versuchen, ob es möglich ist, dem Konflikt, dem Leid und dem Kummer unseres täglichen Lebens ein Ende zu setzen. Wir werden untersuchen, ob es möglich ist, von all diesen Geißeln des Lebens mit seinen nur gelegentlichen Freuden wirklich frei zu werden.

Das ist keine Vorlesung. Sie nehmen an diesen Betrachtungen teil. Wir bedienen uns keiner besonderen Fachsprache, beachten keine linguistischen Richtlinien, wir sprechen eine einfache Alltagssprache. Verständigung ist nur möglich, wenn wir aufeinander eingehen, »zusammen« sind, wenn wir unser Leben untersuchen und uns fragen, warum wir zu dem geworden sind, was wir sind.

Welchen Platz hat das Wissen in der Entwicklung des Menschen? Hat es überhaupt eine Bedeutung? Im täglichen Leben ist Wissen notwendig, im Beruf, bei der Ausübung unterschiedlicher Fertigkeiten und so weiter; es ist notwendig in der technologischen, in der naturwissenschaftlichen Welt. Aber hat das Wissen irgendeine Bedeutung bei der Veränderung unserer Psyche?

Wissen ist die Ansammlung von Erfahrungen – nicht nur eigener, sondern auch tradierter, die jedem von uns weitergegeben werden. Wir haben nicht nur individuelles, persönliches, psychologisches Wissen gespeichert, sondern sind vielmehr durch das tradierte psychologische Wissen konditioniert, das durch Jahrtausende auf uns gekommen ist. Wir fragen, ob dieses Wissen den Menschen jemals so grundlegend verändern kann, daß er ein absolut unkonditioniertes Wesen wird. Denn wenn auch nur irgendeine Form innerer Prägung besteht, kann die Wahrheit nicht gefunden werden. Die Wahrheit ist ein wegloses Land; sie kann nur gefunden werden, wenn der Mensch frei von jeder Konditionierung ist.

Manche akzeptieren die Prägung und sagen, sie sei unvermeidlich, man könne sie höchstens ausbessern oder modifizieren. Im westlichen Denken ist diese Position sehr häufig anzutreffen. Durch Zeit, Evolution, Erbanlagen und Gesellschaft, Erziehung und Religion sei der Mensch geprägt. Diese Konditionierung könne zwar modifiziert werden, aber man werde nie wirklich frei von ihr sein. Das ist es, was die Kommunisten und andere behaupten, indem sie historisch belegen, daß wir alle durch die Vergangenheit, durch die Erziehung und so weiter konditioniert seien. Sie sagen, daß es von dieser Prägung kein Entrinnen gäbe und der Mensch daher stets leiden und unsicher sein werde, daß er stets in Kampf, Schmerz und Angst leben werde.

Wir behaupten etwas ganz anderes. Wir sagen, daß diese Konditionierung völlig ausgelöscht werden kann, so daß der Mensch frei ist. Wir werden diese Konditionierung betrachten und uns fragen, was Freiheit ist. Wir werden untersuchen, ob diese Prägung, die in den tiefsten Winkeln des Gehirns verwurzelt, aber auch oberflächlich aktiv ist, begriffen und der Mensch damit frei von allem Leid und allen Ängsten werden kann.

Dafür müssen wir zunächst einmal unser Bewußtsein in Augenschein nehmen. Woraus besteht es, was ist sein Inhalt? Wir müssen fragen, ob dieser Inhalt, durch den wir uns als Individuen identifizieren, tatsächlich individuelles Bewußtsein ist. Ist das individuelle Bewußtsein, vom dem jeder von uns behauptet, es unterscheide ihn von allen anderen, überhaupt individuell? Oder ist es nicht vielmehr das Bewußtsein der Menschheit? Ist also dieses Bewußtsein mit seinen gesamten Bestandteilen an Leid, Erinnerung, nationalistischen Einstellungen, Glaubensüberzeugungen überall in der Welt konstant? Wohin Sie auch kommen – überall finden Sie Leid, Mühsal, Angst, Unsicherheit, Verzweiflung, Depressionen und alle möglichen Arten abergläubischen

Unsinns. Das ist der Menschheit gemeinsam, ob in Asien oder hier im Westen.

Also ist Ihr Bewußtsein, mit dem Sie sich selbst als »Individuum« identifiziert haben, eine Illusion. Es ist das Bewußtsein der gesamten Menschheit. Sie sind die Welt, und die Welt ist Sie. Bitte bedenken Sie diese Tatsache, begreifen Sie ihre Bedeutung und die Verantwortung, die sich daraus ergibt. Sie haben Ihr ganzes Leben lang als Individuum gerungen, sich abgeplagt – als etwas vom Rest der Menschheit Getrenntes. Und wenn Sie feststellen, daß Ihr Bewußtsein das Bewußtsein der Menschheit ist, heißt das, daß Sie die Menschheit sind, kein Individuum. Sie mögen persönliche Fertigkeiten, Neigungen und Eigenheiten haben, aber Sie sind tatsächlich die Menschheit, da Ihr Bewußtsein das Bewußtsein jedes anderen menschlichen Wesens ist. Dieses Bewußtsein entstammt dem Denken. Dieses Bewußtsein ist das Ergebnis jahrtausendelangen Denkens. Das Denken ist stets außerordentlich wichtig in unserem Leben gewesen. Das Denken hat die moderne Technologie geschaffen, das Denken hat Kriege ausgelöst, das Denken hat Menschen in Nationalitäten aufgeteilt, das Denken hat unterschiedliche Religionen hervorgebracht, das Denken hat die herrliche Architektur der Kathedralen, Tempel und Moscheen geschaffen. Die Rituale, die Gebete, der ganze Zirkus – wenn ich mir dieses Wort gestatten darf –, der im Namen der Religion stattfindet, ist Resultat des Denkens.

Bewußtsein ist Aktivität des Denkens, und das Denken ist so immens wichtig in unserem Leben geworden. Wir müssen untersuchen, was das Denken ist, das die Welt in eine so außerordentliche Verwirrung gestürzt hat. Das Denken spielt eine Rolle in unseren Beziehungen, seien sie nun intim oder nicht. Das Denken ist die Quelle der Angst. Wir müssen erforschen, welchen Platz das Denken in der Freude hat und welchen im Leid und ob es einen Stellenwert in der Liebe hat. Es ist wichtig, die Bewegung des Denkens an sich zu betrachten.

Die Betrachtung der Bewegung des Denkens ist ein Teil der Meditation. Meditation ist nicht einfach eine absurde Wiederholung von Worten, mit der man morgens, mittags und abends ein paar Minuten verbringt. Meditation gehört zu unserem Leben. Bei der Meditation geht es darum, die Beziehung zwischen Denken und Ruhe zu entdecken, die Beziehung zwischen dem Denken und dem, was zeitlos ist. Meditation ist Teil unseres täglichen Lebens, genauso wie der Tod und die Liebe Teile unseres Lebens sind.

Es ist recht einfach, sofort zu antworten, wenn Ihnen eine Frage gestellt wird, die Ihnen vertraut ist. Man erkundigt sich nach Ihrem Namen, und Sie reagieren sofort, weil Sie Ihren Namen schon oft wiederholt haben. Aber wenn Ihnen eine komplizierte Frage gestellt wird, dann entsteht eine Pause zwischen Frage und Antwort. Während dieser Pause denken Sie nach – und schließlich finden Sie die Antwort. Wird Ihnen jedoch eine sehr tiefgründige Frage gestellt und Sie erwidern: »Das weiß ich nicht«, dann hat das Denken ein Ende. Aber nur wenige sagen: »Das weiß ich nicht.« Sie geben vor, die Antwort zu wissen. Vermutlich glauben viele von Ihnen an Gott. Das ist die letzte Hoffnung, die letzte Erbauung, die letzte Sicherheit. Aber wenn Sie sich aufrichtig fragen: »Kenne ich Gott? Glaube ich wirklich?«, dann werden Sie – wenn Sie ehrlich sind – wahrscheinlich erwidern: »Ich weiß es wirklich nicht.« Wenn das so ist, verfügt Ihr Geist über die richtige Betrachtungsweise.

Die Speicherung von Erfahrungen als Erinnerung im Gehirn ist Wissen, und die Reaktion auf diese Erinnerung ist das Denken. Denken ist ein materieller Prozeß – es ist nichts Heiliges am Denken. Das Bildnis, das wir als heilig verehren, bleibt dennoch ein Bestandteil des Denkens. Das

Denken ist stets trennend und fragmentarisch, und das Wissen nie vollkommen. Das Denken, wie sublim oder trivial auch immer, ist immer fragmentarisch und trennend, weil es sich aus der Erinnerung ableitet. Alle unsere Handlungen basieren auf dem Denken, daher sind auch sie beschränkt, fragmentarisch, trennend, unvollständig; sie können nie ganzheitlich sein. Das Denken, ob nun das eines Genius, das der großen Maler, Musiker, Wissenschaftler, oder unsere kleinen Denkaktivitäten des Alltags, ist immer limitiert, bruchstückhaft, trennend. Jede Handlung, die aus diesem Denken geboren ist, muß zum Konflikt führen. Da sind die nationalistischen und Stammesaufteilungen, an die sich der Geist in seiner Suche nach Sicherheit klammert. Aber genau diese Suche nach Sicherheit ist es, die zu Kriegen führt. Die Suche nach Sicherheit ist auch eine Aktion des Denkens, daher liegt im Denken keinerlei Sicherheit.

Die Essenz unseres Bewußtseinsinhalts ist das Denken. Das Denken hat im Bewußtsein eine Angst- und Glaubensstruktur bewirkt. Die Vorstellung eines Heilands, Glauben, Angst, Schmerzen – all das wurde durch das Denken hervorgerufen. Wir fragen nun, ob dieser Inhalt des Bewußtseins ausgelöscht werden könne, damit dort eine gänzlich andere Dimension entstehen kann. Nur in dieser Dimension kann es Kreativität geben, schöpferische Kraft jenseits der Bewußtseinsinhalte.

Lassen Sie uns einen unserer Bewußtseinsinhalte betrachten, die Beziehung zwischen den Menschen. Warum gibt es zwischen Mann und Frau soviel Konflikte, Elend und dauernde Trennung? Das ist eine wichtige Frage, denn der Mensch existiert nur in seinen Beziehungen. Es gibt keinen Heiligen, Eremiten oder Mönch, der keine Beziehungen hätte. Selbst wenn er sich in irgendein Kloster oder eine Himalaya-Höhle zurückzieht, hat er immer noch Beziehungen. Es ist wichtig zu verstehen, warum die Menschen nie friedlich miteinander umgehen können, warum sie in Zank und Streit, in Schmerz, Eifersucht und Angst leben, und herauszufinden, ob es möglich ist, sich von all dem zu befreien, um danach eine wirkliche Beziehung einzugehen. Zu erkennen, was eine wirkliche Beziehung ist, verlangt große Aufmerksamkeit und eine intensive Untersuchung. Das ist keine Analyse. Es ist wichtig, auch das zu verstehen, denn die meisten von uns sind ans Analysieren gewöhnt. Wir betrachten die tatsächliche Beziehung zwischen Mann und Frau und fragen, warum sie in Kampf, Angst und Leid leben. Aber begegnen sich zwei Menschen, seien sie nun verheiratet oder nicht, auch tatsächlich? Sie mögen sich körperlich begegnen, im Bett – aber sind sie innerlich nicht eher wie zwei parallele Linien, von denen jede ein eigenes Leben führt, eigene Ambitionen hat, eigene Erfüllung sucht? Daher begegnen sie einander nie wirklich – wie zwei parallele Linien –, daher gibt es den Kampf, den Streit und den Schmerz, keine wirkliche Beziehung zueinander zu haben. Sie sagen, sie seien einander verbunden, aber das ist nicht wahr, das ist nicht ehrlich, weil jeder von ihnen ein Bild von sich selbst hat. Zusätzlich hat sich jeder auch noch ein Bild des anderen gemacht. Wir haben in der Tat zwei Bilder oder sogar viele Bilder. Er hat sich ein Bild von ihr gemacht, und sie hat sich ein Bild von ihm geschaffen. Bilder stammen aus der Erinnerung, und die Beziehung besteht zwischen diesen Bildern, den Symbolen der Erinnerung, der Leiden. Daher ist sie keine wirkliche Beziehung.

Es wäre also danach zu fragen, ob es möglich ist, sich kein Bild zu machen. Solange sie ein Bild von Ihnen und Sie eines von ihr haben, muß es zu Konflikten kommen, denn die Kultivierung dieser Bilder zerstört die Beziehung. Kann man durch Betrachtung feststellen, ob es möglich ist, kein Bild von sich oder einem anderen Menschen zu haben?

Solange man ein Bild von sich hat, wird man verletzt. Das ist eine der Trübseligkeiten des Lebens: Von Kindesbeinen an, durch Schule, Universität, Beruf, das ganze Leben hindurch wird man verletzt – mit der Folge einer selbstgeschaffenen Isolation, die weitere Verletzungen verhindern soll. Was wird da eigentlich verletzt? Es ist das Bild, das man von sich selbst geschaffen hat. Wenn es möglich wäre, frei von allen Bildern oder Vorstellungen zu sein, gäbe es auch keine Verletzungen, genausowenig wie Schmeichelei.

Heutzutage finden die meisten Menschen Sicherheit in den Bildern, die sie sich geschaffen haben – Bildern, die das Denken hervorgebracht hat. Daher fragen wir, ob so ein Bild, das von Kindheit an aufgebaut und durch das Denken konstruiert wurde – eine Wortstruktur, die im Prozeß der Erinnerung an tiefwirkende, dauerhafte Kränkungen, Vorstellungen, Schmerzen Gestalt angenommen hat –, gänzlich gelöscht werden kann; denn nur dann können Sie eine wirkliche Beziehung aufbauen. Wenn es in einer Beziehung keine Vorstellungen oder Bilder gibt, dann existieren auch keine Konflikte. Das ist nicht nur eine Theorie, ein Ideal; das ist eine Tatsache. Wenn man sich sehr ernst und gründlich in dieses Thema vertieft, findet man heraus, daß man in dieser monströsen Welt ohne jedes Bild von sich selbst leben kann. Dann erhalten die Beziehungen eine ganz neue Bedeutung – es gibt keinen wie auch immer gearteten Konflikt mehr.

Jetzt möchte ich Sie, wie Sie da sitzen, fragen dürfen, ob Sie sich Ihres Bildes und seiner Beseitigung bewußt sind. Oder fragen Sie: »Wie soll ich dieses Bild auslöschen?« Wenn Sie so fragen, achten Sie bitte auf die Implikation dieser Frage. Das Wie erheischt einen Ratschlag, Sie bitten darum, daß jemand es Ihnen sagt. Und das bedeutet, daß derjenige, der es Ihnen sagt, zum »Spezialisten« wird, zum Guru, zur Leitfigur. Aber Sie hatten Ihr ganzes Leben lang

Leitpersonen, Spezialisten, Psychologen – sie haben Sie nicht verändert. Also fragen Sie nicht »Wie?«, sondern finden Sie für sich selbst heraus, ob Sie sich von diesen Bildern befreien können. Sie können sich davon befreien, wenn Sie mit höchster Aufmerksamkeit auf das hören, was andere sagen. Wenn Ihre Frau oder ein Freund irgend etwas Häßliches sagt und Sie dem in diesem Augenblick absolute Aufmerksamkeit widmen, dann werden in dieser Aufmerksamkeit keinerlei Bilder geschaffen, dann hat das Leben eine völlig andere Bedeutung, einen gänzlich anderen Sinn.

Betrachten wir unsere Bewußtseinsinhalte, den Schmerz, die Beziehungen. Sie machen das Bewußtsein aus. Auch die Angst gehört dazu. Wir leben mit der Angst. Nicht nur äußerlich, sondern sehr viel tiefer, in den dunklen Winkeln des Gehirns existiert große Angst; Angst vor der Zukunft, Angst vor der Vergangenheit, Angst vor der Gegenwart. Wir sollten darüber sprechen, ob es in der heutigen Welt – bei ständiger Kriegsgefahr und all den Notwendigkeiten des Alltags – überhaupt möglich ist, angstlos zu leben. Wahrscheinlich haben sich die meisten von Ihnen diese Frage noch nie gestellt. Haben Sie es doch getan, dann haben Sie wahrscheinlich versucht, einen Ausweg aus der Angst zu finden, Sie haben sie unterdrückt, geleugnet, rational zu erklären versucht. Aber wenn Sie die Beschaffenheit der Angst tatsächlich ernsthaft untersuchen wollen, dann müssen Sie wahrnehmen, was Angst ist – und wo die Ursachen der Angst liegen. Die meisten von uns haben Angst, Angst vor dem Morgen, Angst vor dem Tod, Angst vor dem Ehemann, der Ehefrau, der Freundin; wir haben vor so vielen Dingen Angst. Angst ist wie ein riesiger Baum mit unzähligen Zweigen. Es hat keinen Sinn, die Äste zu beschneiden. Sie müssen bis zur Wurzel vordringen und nachsehen, ob es möglich ist, ihn so gründlich auszureißen, daß Sie für immer von ihm frei sind. Die Frage, ob wir stets frei von Angst bleiben werden, stellt sich nicht. Wenn Sie die Wurzeln tatsächlich beseitigt haben, dann gibt es keine Möglichkeit mehr, daß die Angst in Ihr Leben eindringt.

Einer der Gründe für Angst ist der Vergleich mit anderen oder mit dem, was man einmal gewesen ist oder was man gern sein würde. Aber das Vergleichen bedeutet Konformität, Imitation, Anpassung; es ist eine der Quellen der Angst. Hat man jemals versucht, sich nicht mit anderen zu vergleichen – körperlich oder seelisch? Wenn man nicht vergleicht, dann kommt man nicht vorwärts. Die ganze Erziehung ist darauf ausgerichtet, etwas zu werden, jemand zu sein. Ist man ein armer Mann, möchte man reich sein – ist man reich, trachtet man nach Macht. Religiös oder gesellschaftlich: stets möchte man etwas werden. In diesem Vorwärtsstreben liegt der Vergleich. Ohne den Vergleich zu leben, ist eine außerordentliche Sache, die sich ereignet, wenn man keinen Maßstab hat. Solange man mißt, wird es Angst geben, weil man sich zwar ständig bemüht, das Ziel aber auch verfehlen könnte.

Ein anderer Grund für Angst ist das Verlangen. Wir sollten die Natur des Verlangens betrachten und herauszufinden versuchen, warum das Verlangen so wichtig in unserem Leben geworden ist. Wo Verlangen existiert, muß es zu Konflikten, Konkurrenzdenken und Kampf kommen. Daher müssen wir, wenn wir es ernst meinen – und diejenigen, die es ernst meinen, leben wirklich; für sie hat das Leben eine verpflichtende Bedeutung –, herausfinden, was Verlangen ist. Überall in der Welt haben die Religionen gefordert: »Unterdrückt das Verlangen.« Mönche – nicht die nachlässig religiösen Menschen, sondern jene, die sich einer bestimmten Form religiöser Organisation verpflichtet haben – haben versucht, das Verlangen auf ein Symbol, einen Retter zu übertragen und so zu sublimieren. Das Verlangen ist jedoch eine überaus starke Kraft in unserem Leben. Entweder unterdrücken wir es und laufen vor ihm davon oder kompensieren es, oder wir erklären es rational und ergründen, wie es entsteht und aus welchen Quellen es sich speist. Wir sagen nicht, daß es unterdrückt werden, daß man davor davonlaufen oder daß man es sublimieren muß – was dieses Wort auch immer bedeutet.

Die meisten von uns sind außerordentlich »menschliche« Menschen. Wir wollen alles erklärt haben, wir wollen alles ordentlich in Worten oder einem Diagramm festgelegt haben. Dann glauben wir, wir hätten es verstanden. Wir sind zu Sklaven der Erklärungen geworden. Wir versuchen nie, für uns selbst herauszufinden, was das Verlangen ist, wie es entsteht. Der Redner wird sich mit dem Verlangen auseinandersetzen, aber die Erklärung ist nicht die Wirklichkeit. Das Wort, die Bezeichnung ist nicht die Sache. Man darf sich nicht in die Gefangenschaft von Worten und Erklärungen begeben. Das Bild eines Berges auf einer Leinwand ist nicht der wirkliche Berg. Es mag herrlich gemalt sein, hat aber dennoch nicht die tiefe Schönheit eines Berges, seine Majestät vor dem blauen Himmel. Gleichermaßen ist die Erklärung des Verlangens nicht das tatsächliche Verlangen. Die Erklärung hat keinen Wert, solange wir das Verlangen nicht selbst wahrnehmen.

Die Wahrnehmung muß frei und offen sein, ohne jede Richtung, ohne Motiv, nur so kann der Prozeß des Verlangens begriffen werden. Verlangen entsteht aus Empfindungen. Empfindung ist Kontakt, Sehen. Dann schafft das Denken aus dieser Empfindung ein Bild. Dieser gedankliche Prozeß ist der Anfang des Verlangens. Sie sehen zum Beispiel ein tolles Auto, und das Denken entwirft ein Bild von Ihnen in diesem Auto und so weiter; in diesem Augenblick setzt das Verlangen ein. Hätten Sie keine Empfindungen, wären Sie paralysiert. Die Sinne müssen aktiv sein. Nach dem, was Sie sehen oder berühren, entwirft das

Denken ein Bild von Ihnen in diesem Auto. In dem Moment, in dem das Denken diese Vorstellung schafft, wird Verlangen geboren.

Es ist ein überaus wacher Geist nötig, um die Bedeutsamkeit einer umfassenden Empfindung zu begreifen – nicht nur eine einzelne Aktivität der Sinne, die dann das Denken in ein Bild umsetzt. Haben Sie jemals einen Sonnenuntergang über dem Meer mit all Ihren Sinnen wahrgenommen? Wenn Sie mit allen Sinnen aufnehmen, dann gibt es kein Zentrum, von dem aus Sie betrachten. Wenn Sie dagegen nur einen oder zwei Sinne aktivieren, entstehen Fragmente. Und wo es Fragmentierungen gibt, da entsteht die Struktur des Selbst, das »Ich«.

Beachten Sie beim Betrachten des Verlangens als eines Faktors der Angst, wie das Denken einsetzt und das Bild schafft. Wenn Sie absolut aufmerksam sind, dringt das Denken gar nicht in die Empfindungen ein. Aber dazu ist intensive, nach innen gerichtete Aufmerksamkeit mit der dazugehörigen Disziplin nötig.

Ein anderer Faktor der Angst ist die Zeit – die psychische Zeit, nicht die Zeit eines Sonnenaufgangs oder -untergangs, die Zeit von gestern, heute und morgen, sondern psychische Zeit. Zeit ist einer der Hauptfaktoren der Angst. Es geht nicht darum, die Bewegung der Zeit anzuhalten, sondern darum, die Natur der psychischen Zeit zu begreifen – nicht intellektuell oder verbal, sondern wiederum psychisch, innerlich. Wir können uns von der Zeit befreien, aber auch ihr Sklave sein.

Es gibt ein Element der Gewalt in uns, das nie aufgehoben, nie ausgelöscht worden ist, so daß wir immer mit der Gewalt leben mußten. Da wir nicht dazu fähig sind, gewaltfrei zu leben, haben wir uns eine Vorstellung von ihrem Gegenteil geschaffen, die Gewaltlosigkeit. Gewaltlosigkeit ist ein Nicht-Faktum – Gewalt ist Faktum. Gewaltlosigkeit existiert lediglich als Idee. Was existiert, »was ist«, das ist die Gewalt. Diese Leute in Indien, die die Idee der Gewaltlosigkeit predigen, befassen sich mit einer Fiktion, einer Nicht-Tatsache, einer Illusion. Die Realität bleibt die Gewalt. Wenn Sie nach Gewaltlosigkeit streben, also einer Illusion folgen, züchten Sie Zeit. Das heißt, Sie sagen: »Ich bin gewalttätig, aber ich werde gewaltlos sein.« Dieses »ich werde sein« ist Zeit, Zukunft; eine Zukunft, die keinerlei Wirklichkeit besitzt. Sie ist vom Denken als das Gegenteil von Gewalt erfunden worden. Die Gewalt wird aufgeschoben und so Zeit erschaffen. Wird das verstanden, endet auch die Gewalt und mit ihr die psychische Zeit. Wir können die psychische Zeit meistern, sie endgültig aufheben, indem wir erkennen, daß das Gegenteil der Gewalt nicht wirklich ist. »Das, was ist« hat keine Zeit. Um »das, was ist« wahrzunehmen, bedarf es keiner Zeit – nur uneingeschränkter Aufmerksamkeit. In der Wahrnehmung der Gewalt zum Beispiel setzen keinerlei Denkprozesse ein. Da gibt es nur das Erkennen der enormen Energie, die wir Gewalt nennen, und das Betrachten. Doch in dem Moment, in dem Sie nach Gewaltlosigkeit zu streben beginnen, lassen Sie eine Verzerrung des Beobachteten zu – haben Sie die Zeit eingeführt.

Der Vergleich, das Verlangen und die Zeit sind die Faktoren der Angst – unserer tief verwurzelten Angst. Wird die Angst jedoch wirklich wahrgenommen und der Gedankenprozeß nicht in Gang gesetzt, bedeutet das das unwiderrufliche Ende der Angst. Und der Betrachter unterscheidet sich nicht vom Betrachteten. Das ist ein wichtiger Faktor. Wenn Sie tatsächlich wahrnehmen, ist das das Ende der Angst, ist der Geist nicht länger in der Angst befangen. Gibt es jedoch Angst in irgendeiner Ausprägung, dann ist der Geist verwirrt, verzerrt und verfügt nicht über die nötige Klarheit. Und für das, was ewig sein soll, muß es Klarheit geben. Die Angst in sich selbst wahrzunehmen, ihre ganze Komplexität ohne jede Gedankenbewegung in sich aufzunehmen – das ist ihr absolutes Ende.

27. März 1982

7

Ojai

Zunächst möchten wir Ihnen versichern, daß wir niemanden belehren wollen. Wir wollen Sie hier nicht von irgendwelchen Ideen oder Vorstellungen überzeugen; dies ist keine Werbeveranstaltung. Vielmehr denke ich, daß es gut wäre, wenn wir gemeinsam unser Leben betrachten und überdenken könnten – egal, ob wir nun in Südafrika, Südamerika, Nordamerika, Europa oder Asien leben. Wir haben es mit einem sehr komplexen Thema zu tun, das sehr vorsichtig und sorgfältig behandelt werden muß. Wir wollen dabei ohne Eile vorgehen, ohne vorgegebene Richtung, ohne eine bestimmte Absicht – wir wollen lediglich den gesamten äußerlichen Ablauf unseres Lebens so intensiv wie möglich betrachten. Was sich außerhalb eines Menschen abspielt, ist der Maßstab, durch den er befähigt wird, sich innerlich zu begreifen. Wenn wir nicht verstehen, was in der äußerlichen Welt, außerhalb des psychischen Bereiches, vor sich geht, haben wir keinen Maßstab, an dem wir uns selbst messen können.

Lassen Sie uns, ob wir nun Amerikaner, Argentinier, Briten, Franzosen, Russen oder Asiaten sind, gemeinsam ganz unbefangen und absichtslos wahrnehmen, was vor sich geht, auch wenn es schwerfällt. Reist man durch die Welt, so sieht man nur allzu deutlich, wie groß die Meinungsverschiedenheiten, die Widersprüche und die Unordnung sind, wie unendlich viel Verwirrung und Unsicherheit es gibt. Man sieht die Demonstrationen gegen den Krieg und zugleich die extensiven Vorbereitungen auf den Krieg. Unvorstellbare Summen werden in die Rüstung gesteckt; jede Nation trifft Kriegsvorbereitungen gegen irgendeine andere. Nation steht gegen Nation, und die Nationalehre muß herhalten, damit Tausende freiwillig in den Tod gehen und andere Menschen töten. Man sieht die religiösen Aufsplitterungen und die Sekten: Katholiken, Protestanten, Hindus, Moslems, Buddhisten und all die Sekten mit ihren Gurus, die Allgegenwart geistlicher Autorität mit ihren heiligen Büchern. Überall findet man diese Aufteilung, die zu Unordnung, Konflikt und Zerstörung führt. Und all das, der Nationalismus, die Religionszugehörigkeit, nur, um vielleicht zu irgendeiner äußeren oder inneren Sicherheit zu gelangen. Das ist es, was auf der Welt, zu der wir alle gehören, geschieht – und ich bin sicher, daß wir alle das sehen. Auch die Isolation, in die sich nicht nur einzelne Menschen begeben, sondern auch Gruppen, die durch eine bestimmte Überzeugung, einen Glauben oder eine Ideologie miteinander verbunden sind. Das geschieht in totalitären Staaten ebenso wie in den angeblich demokratischen Staaten mit ihren Idealen. Ideale, Überzeugungen, Dogmen und Rituale entzweien die Menschheit. Das ist es, was um uns herum, in der äußeren Welt vor sich geht. Es ist das Resultat unseres eigenen inneren Lebens, denn wir sind isolierte Individuen, und die äußere Welt ist von uns geschaffen.

Jeder von uns hat seinen besonderen Beruf, seine persönlichen Überzeugungen, seine Denkweise und Erfahrungen. Daran halten wir uns, und so isolieren wir uns selbst. Diese selbstzentrierte Aktivität drückt sich äußerlich als Nationalismus und religiöse Intoleranz aus – selbst wenn die Gruppe aus 700 Millionen Menschen besteht wie in der katholischen Welt, isoliert sich jeder selbst. Wir schaffen eine Welt, die durch den Nationalismus gespalten ist. Der Nationalismus ist eine höhere Form des Stammesdenkens: Jeder Stamm ist gewillt, jeden anderen für seine Überzeugung, sein Land, seine Handelswege zu töten. Wir alle wissen das, jedenfalls diejenigen, die wach sind, Radio hören, Zeitung lesen, fernsehen und so weiter.

Es gibt viele, die sagen, das sei nicht zu ändern, es gehöre eben zur menschlichen Natur. Sie sagen, es sei seit Jahrtausenden so gewesen, weil der Mensch so veranlagt sei und sich aus sich selbst heraus nie verändern werde. Sie räumen zwar ein, daß eine gewisse Modifizierung möglich sei, aber grundsätzlich würde der Mensch bleiben, wie er schon immer war: im Konflikt mit sich und der Welt. Auf der anderen Seite gibt es zwar auch viele, die Sozialreformen verschiedenster Art fordern, aber eine fundamentale Veränderung im menschlichen Bewußtsein haben sie bislang nicht bewirkt. Das ist der Zustand der Welt.

Und wie reagieren wir? Wie begegnen wir diesem Zustand? Wie sehen unsere wirklichen Beziehungen zu anderen und zur äußeren Welt aus? Welche Verantwortung haben wir? Überlassen wir sie den Politikern? Suchen wir uns immer nur neue Leitpersonen, neue Retter? Es ist ein sehr ernsthaftes Problem, das wir hier anschneiden. Oder wenden wir uns den alten Traditionen zu, weil Menschen – unfähig, dieses Problem zu lösen – nun einmal leicht zu den altgewohnten Traditionen zurückkehren? Je größer die Konfusion in der Welt ist, desto größer auch das Verlangen nach Illusionen, althergebrachten Überlieferungen, früheren Leitpersonen, ehemaligen sogenannten Rettern.

Wenn man sich aber all dessen bewußt wird, wenn man erkennt, wie es sein sollte, aber nicht ist – wie sieht dann die Reaktion aus? Wie reagiert man ganzheitlich, nicht nur isoliert auf all die Ereignisse, die in der Welt vor sich gehen? Sorgt man sich lediglich um sein eigenes persönliches Leben, das man möglichst ungestört in irgendeinem Winkel der Welt führen möchte, oder befaßt man sich mit der gesamten menschlichen Existenz, mit der gesamten Menschheit? Ist man nur um das eigene Dasein bekümmert, wie problematisch, eingeschränkt, voller Sorgen und Leid es auch sein mag, dann macht man sich nicht klar, daß man Teil eines Ganzen ist. Man hat jedoch das Leben zu betrachten – nicht das amerikanische oder asiatische Leben, sondern das Leben als Ganzes, in einer holistischen Wahrnehmung, nicht in Teilansichten, nicht individuell, isoliert, sondern so, daß die Gesamtheit des Lebens holistisch erfaßt wird. Jeder hat seine eigenen Probleme und sucht nach persönlicher Erfüllung, nach Freude und Vergnügen. Man hat Angst davor, isoliert zu sein, einsam, deprimiert. Und so schafft man sich einen Retter, der Veränderungen bewirken und jedem von uns das Heil bringen soll. Das ist seit zweitausend Jahren Tradition in der westlichen Welt und in der asiatischen nicht anders, nur mit anderen Worten und Symbolen versehen; aber es handelt sich um die gleiche Suche des Individuums nach dem Heil, nach persönlichem Glück und einer Lösung für die persönlichen Probleme. Es gibt zwar Spezialisten unterschiedlicher Art, zu denen man geht, um seine Probleme loszuwerden. Aber Erfolge konnten sie nicht verbuchen.

Auf technologischem Gebiet haben die Wissenschaftler dazu beigetragen, Krankheiten und Seuchen einzudämmen, die Kommunikationsmöglichkeiten zu verbessern; aber sie haben auch die erschreckende Macht der Kriegswaffen erhöht, die Macht, unvorstellbare Zahlen von Menschen mit einem Schlag zu vernichten. Die Wissenschaftler werden die Menschheit nicht retten; die Politiker auch nicht, ob nun die im Osten, im Westen oder in irgendeinem anderen Teil der Welt. Die Politiker streben nach Macht, und sie spielen dem menschlichen Denken alle möglichen Streiche. In der sogenannten religiösen Welt spielt sich das gleiche ab. Da gibt es die Autorität der Hierarchie, die Autorität des Papstes, des Erzbischofs, des Bischofs und des örtlichen Priesters im Namen eines Bildnisses, das vom Denken erschaffen würde.

Wir sind isoliert und daher unfähig, unsere Probleme zu lösen. Obwohl gut ausgebildet, klug, selbstzentriert, äußerlich zu außergewöhnlichen Dingen fähig, sind wir doch innerlich mehr oder weniger das geblieben, was wir vor Tausenden von Jahren gewesen sind. Sie haben doch sicherlich die sogenannten Experten auch schon über irgendwelche Kriege reden hören, die gerade stattfinden. Sie sprechen nie über die Menschen, die getötet wurden, sondern darüber, wie Flugplätze zerstört, dies und das in die Luft gesprengt wurde. Es herrscht absolute Konfusion in der Welt, und wir alle wissen das. Was aber sollen wir tun? Kürzlich hat ein Freund dem Redner gesagt: »Du kannst nichts machen; du rennst mit dem Kopf gegen eine Wand. Die Dinge werden immer so weitergehen. Die Menschen werden kämpfen, einander zerstören, am Konkurrenzdenken festhalten und in den verschiedensten Illusionen gefangen sein. Vergeude also nicht deine Zeit und dein Leben.« Wir sind uns der Tragödie der Welt bewußt, wir kennen die schrecklichen Dinge, die geschehen würden, wenn irgendein Verrückter auf den Knopf drückt; wir wissen Bescheid über die Computer, die die Tätigkeit der Menschen übernehmen, weil sie schneller und genauer sind. Was wird aus dem Menschen? Das ist das ungeheure Problem, dem wir uns gegenübersehen.

Die Erziehung in der Kindheit, in Schule und Universität dient dazu, daß sich der Mensch auf die eine oder andere Art spezialisiert, daß er Wissen ansammelt, eine Stellung findet, um in dieser sein Leben lang zu bleiben, Tag für Tag von morgens bis abends seine Zeit im Büro oder in der Fabrik zu verbringen, und schließlich stirbt. Das ist keineswegs eine pessimistische Betrachtungsweise, es ist das, was tatsächlich vor sich geht. Wenn jemand diese Tatsache erkennt, dann ist er weder optimistisch noch pessimistisch, er erkennt ein Faktum. Wer wirklich ernsthaft und verantwortungsbewußt ist, fragt sich, was er tun soll: Sich in ein Kloster zurückziehen? Eine Wohngemeinschaft gründen? Nach Asien gehen, um Zen oder irgendeine andere Art von Meditation zu erlernen? Diese Fragen sind ernst gemeint. Wenn jemand mit dieser Krise konfrontiert wird, dann ist das eine Krise des Bewußtseins, es ist nichts außerhalb des Selbst. Die Krise ist man selbst. Es gibt ein Sprichwort: Wir haben den Feind gesehen, und der Feind sind wir selbst.

Die Krise ist keine Angelegenheit der Wirtschaft, des Krieges, der Bombe, der Politiker, der Wissenschaftler; die Krise existiert in uns selbst, die Krise ist in unserem Bewußtsein. Solange wir die Beschaffenheit dieses Bewußtseins nicht sehr genau ergründen, tief in es eindringen und seine Natur selbst entdecken, selbst erkennen, ob es eine entscheidende Veränderung dieses Bewußtseins geben kann, so lange wird die Welt fortfahren, noch mehr Elend, Konfusion und Schrecken hervorzubringen. Unsere Verantwortlichkeit liegt nicht darin, irgendeine altruistische Aktion außerhalb unseres Selbst in die Wege zu leiten, sei sie nun politisch, gesellschaftlich oder ökonomisch – sie besteht darin, die Beschaffenheit unseres Seins zu erfassen; herauszufinden, warum wir so geworden sind, wie wir sind.

Wir – Sie und der Redner – versuchen hier gemeinsam, die Bewegungen unseres Bewußtseins und ihre Beziehungen zur Welt zu erfassen und zu sehen, ob dieses Bewußtsein individuell ist oder ob es die gesamte Menschheit umfaßt. Wir werden von Kindesbeinen an dazu erzogen, Individuen zu sein, jedes mit einer separaten Seele; wir werden dazu getrimmt, Individuen zu sein. Wir glauben das, weil wir alle unterschiedliche Namen tragen, verschiedene Gestalt, dunkle oder helle Haut, weil wir groß oder klein sind und über unterschiedliche Neigungen verfügen; wir glauben daher, separate Individuen mit eigenen, besonderen Erfahrungen und so weiter zu sein. Wir stellen diese Vorstellung in Frage! Das bedeutet nicht, daß wir irgendeine Art von amorphem Wesen behaupten wollen, sondern daß wir fragen, ob wir tatsächlich Individuen sind, wie es die ganze Welt behauptet. Aus diesem Konzept, dieser Illusion heraus versucht jeder von uns, etwas zu werden. In unserem Bemühen, etwas zu werden, konkurrieren wir miteinander, bekämpfen wir uns. Wenn wir diese Art von Leben beibehalten, werden wir uns auch in Zukunft an Nationalitäten, Stammesdenken und Krieg klammern. Warum halten wir mit solcher Leidenschaft am Nationalismus fest, wie es im Augenblick geschieht? Warum messen wir dem Nationalismus, diesem Stammesdenken so außergewöhnliche Bedeutung bei? Warum? Geschieht es, weil im Festhalten am Stamm, an der Gruppe eine gewisse Sicherheit liegt, ein Gefühl von Vollständigkeit, Erfüllung? Wenn das so ist, wird der andere Stamm ebenso empfinden; und daher kommt es zu Absonderung, Konflikt, Krieg. Wenn man diese Wahrheit erkennt und nicht nur als eine Theorie betrachtet, wenn man auf dieser Erde weiterleben möchte – die unsere Erde ist, nicht Ihre und nicht meine –, dann kann und darf es eigentlich keinen Nationalismus mehr geben. Es gibt dann nur noch die menschliche Existenz, das Leben – nicht Ihr Leben oder mein Leben –, das ganze Leben, und es geht darum, dieses Leben in seiner Ganzheit zu leben. Die Tradition der Individuation ist von den Religionen, denen des Ostens wie des Westens, festgeschrieben und verewigt worden, die das Heil für jedes einzelne Individuum versprechen.

Es ist sehr gut, über einen Geist zu verfügen, der nachfragt und nicht einfach alles akzeptiert, einen Geist, der sagt: »Wir können unmöglich auf diese gewalttätige Weise weiterleben.« Infragestellen, zweifeln – das Leben nicht einfach so akzeptieren, wie wir es fünfzig oder sechzig Jahre lang gelebt haben oder wie es die Menschheit seit Tausenden von Jahren gelebt hat. Fragen wir also nach der Wirklichkeit der Individualität. Ist Ihr Bewußtsein tatsächlich Ihres? Sich bewußt zu sein heißt zu begreifen, zu wissen. Unser Bewußtsein umfaßt unsere Überzeugungen, unsere Freuden, unsere Erfahrungen, das besondere Wissen, das wir entweder über ein bestimmtes Gebiet oder über uns selbst erlangt haben; es enthält unsere Ängste und Bindungen, den Schmerz und die Agonie der Einsamkeit, das Leiden und die Suche nach dem, was über die rein körperliche Existenz hinausreicht. All das ist Inhalt unseres Bewußtseins. Ohne diesen Inhalt gäbe es kein Bewußtsein, wie wir es kennen. Darüber braucht man nicht weiter zu diskutieren: Das ist so. Also ist Ihr Bewußtsein sehr komplex, widersprüchlich und von großer Vitalität, aber ist es Ihr individuelles? Oder gibt es vielleicht nur das Denken, das weder östlich noch westlich, vielmehr der ganzen Menschheit gemein ist, den Reichen wie den Armen, dem Techniker mit seinen außerordentlichen Fähigkeiten genauso wie dem Mönch, der sich von der Welt zurückzieht und einer Idee weiht?

Wohin man auch kommt, man sieht Leid, Schmerz, Angst, Einsamkeit, Aberwitz, die Suche nach Sicherheit, das Gefangensein im Wissen und das Verlangen – das alles entspringt dem Boden, auf dem jedes menschliche Wesen steht. Das Bewußtsein des Menschen ist das Bewußtsein der Menschheit. Das ist logisch. Sie können widersprechen, Sie können darauf beharren, Ihr Bewußtsein sei individuell; aber trifft das auch zu? Wenn man die Beschaffenheit des Bewußtseins erforscht, dann erkennt man, daß es das Bewußtsein der Menschheit ist, daß man die Menschheit ist. Man kann seinen besonderen Namen haben, man kann in einem bestimmten Teil der Welt leben, man kann auf eine spezielle Art und Weise erzogen worden sein, man kann reich sein oder sehr arm – schaut man hinter die Maske, ist man die Menschheit: Man empfindet Schmerz, ist einsam, leidet, ist verzweifelt, neurotisch, hängt irgendwelchen Illusionen an und so weiter. Das mag manchem nicht zusagen; es mag manchem gefallen, in dem Glauben zu verharren, total unabhängig, ein freies, ungebundenes Individuum zu sein; aber wenn man genauer nachforscht, ist es unabweislich: Man ist die Menschheit.

Man könnte das als eine Idee, eine Abstraktion, ein phantastisches Konzept abtun; aber die Idee ist nie die Wirklichkeit. Sie ist nicht das, was geschieht. Aber man neigt dazu, von dem, was ist, zu abstrahieren, sich eine Vorstellung, eine Idee zu machen. Und nach dieser unwirklichen Idee richtet man sich dann. Solange unsere Bewußtseinsinhalte widersprüchlich und konfus sind, gegeneinander ankämpfen, Illusion gegen Realität steht, wir glücklich und gewaltlos leben möchten, aber unglücklich und gewalttätig sind – so lange ist unser Bewußtsein in Unordnung. Das ist die Wurzel der Entzweiung. Wenn wir das nicht begreifen, sehr genau erforschen und schließlich die Ordnung entdecken und schaffen, dann werden wir auf der Welt stets Unordnung haben. Daher wird sich ein ernsthafter Mensch nicht so leicht durch Amüsement und Unterhaltung – die manchmal vielleicht nötig sind – vom Pfad der Wahrnehmung seines Bewußtseins abbringen lassen; beharrlich wird er die Natur des Menschen, das heißt sich selbst, durch die Betrachtung dessen, was tatsächlich in ihm vorgeht, zu ergründen versuchen. Aus dieser Betrachtung entsteht Aktion. Dabei handelt es sich nicht um die Handlung eines isolierten Individuums, sondern um eine Handlung, wie sie aus einer holistischen Lebensbetrachtung erwächst. Ganzheitliche Betrachtung ist ein gesundes, vernünftiges, rationales, logisches Erfassen des Ganzen, Heiligen. Ist es einem ganz normalen Menschen – einem Laien wie Ihnen und mir – überhaupt möglich, das widersprüchliche und verwirrende Bewußtsein als Ganzes zu erfassen? Oder müssen wir jeden einzelnen Bestandteil einzeln angehen? Man möchte sich selbst verstehen, das eigene Bewußtsein. Man weiß von vornherein, daß es sehr widersprüchlich ist: das eine ersehnt, das andere ablehnt, das eine sagt, aber etwas anderes tut. Und man weiß, daß Überzeugungen den Menschen entzweien. Man glaubt an Jesus oder Krishna oder sonstwen, man ist von seinen eigenen Erfahrungen überzeugt und hält an ihnen fest, man richtet sich nach dem, was man in den vierzig oder fünfzig Jahren seines Lebens an Wissen angesammelt hat und was einem höchst wichtig geworden ist. Man klammert sich regelrecht daran. Man erkennt, daß Überzeugungen den Menschen entzweien, will sie aber dennoch nicht aufgeben, weil sie einem ein gewisses Gefühl von Sicherheit vermitteln. Wenn man an Gott glaubt, dann liegt darin eine außerordentliche Kraft. Aber Gott ist vom Menschen erschaffen worden. Gott ist die Projektion unseres eigenen Denkens – das Gegenteil der menschlichen Hoffnungslosigkeit und Verzweiflung.

Warum hat man überhaupt Überzeugungen? Ein Geist, der durch Überzeugungen verkrüppelt ist, ist ein ungesunder Geist. Man muß sich von ihm befreien. Ist es also möglich, sich so tief in das eigene Bewußtsein zu versenken – ohne Anleitung von Psychiatern, Psychologen und so weiter –, daß man es trotz seiner Kompliziertheit und seiner Widersprüchlichkeit als Ganzes erfaßt? Soll man dabei Schritt für Schritt vorgehen? Nehmen Sie zum Beispiel die Verletzungen und Kränkungen, denen der Mensch von Kindesbeinen an ausgesetzt ist. Man wird schon durch die Eltern psychisch verletzt. Dann kommen die Kränkungen in der Schule, auf der Universität, im Beruf, weil man ja auf diesem oder jenem Gebiet der Beste sein muß und nicht sein kann. Das geht das ganze Leben lang so. Man weiß das, und man weiß auch, daß alle Menschen verletzt sind, tief verletzt, auch wenn sie es nicht immer wahrnehmen. Man weiß, daß daraus alle möglichen Formen neurotischen Verhaltens folgen. Das alles sind Bestandteile des Bewußtseins eines Menschen; halb und halb weiß jeder von seinen Verletzungen. Aber ist es überhaupt möglich, nicht verletzt zu werden? Die Folge der Verletzungen ist, daß wir eine Mauer um uns errichten, die Beziehungen zu anderen aufgeben, um nicht noch mehr gekränkt zu werden. Das ist eine Angstreaktion, fortschreitende Isolation. Nun fragen wir: Ist es möglich, nicht nur frei von früheren Verletzungen zu werden, sondern künftige Verletzungen zu vermeiden, ohne gefühllos, gleichgültig und beziehungslos zu werden? Dazu muß man erkennen, wodurch man verletzt wird und was verletzt wird. Die Verletzung ist Bestandteil des Bewußtseins, von ihr gehen verschiedene neurotische Handlungen und Verhaltensweisen aus. Sie ist nicht etwas außerhalb unseres Selbst, sondern ein Teil von uns. Also was ist es, das da verletzt wird, und ist es möglich, niemals verletzt zu werden?

Was ist es, das da gekränkt oder verletzt wird? Man sagt, ich bin verletzt worden. Was ist dieses »Ich«? Von Kindheit an hat man ein Bild von sich aufgebaut. Man verfügt über viele Bilder; es gibt nicht nur die, die sich andere von einem machen, sondern auch die, die man selbst schafft, von sich als Amerikaner zum Beispiel, als Hindu oder als Fachmann auf diesem oder jenem Gebiet. Also ist das »Ich« das Bild, das man von sich selbst als bedeutendem oder auch sehr gutem Menschen errichtet hat; und es ist dieses Bild, das verletzt wird. Man kann eine Vorstellung von sich selbst als begabter Redner, als Schriftsteller, Geistesschaffender oder Führungspersönlichkeit haben. Sie ist der Kern des Selbst.

Sagt jemand, er sei verletzt, dann meint er, daß dieser Kern, dieses Bild verletzt wurde. Hat man ein bestimmtes Bild von sich selbst und kommt dann jemand daher und meint: »Sei kein Idiot«, ist man gekränkt. Das Bild, das man von sich hat – nämlich gerade kein Idiot zu sein –, ist das »Ich«, und das wird gekränkt. Man trägt an diesem Bild und seiner Verletzung das ganze Leben lang – stets darauf bedacht, nicht noch einmal verletzt zu werden.

Die Folgen der Verletzungen sind sehr kompliziert. Man kann danach streben, sich selbst zu verwirklichen, dies oder das zu werden, um so einer unangenehmen Verletzung zu entkommen. Aber ist es überhaupt möglich, gar kein Bild von sich selbst zu haben? Warum hat man denn eine Vorstellung von sich selbst? Da ist jemand, sehr gutaussehend, gescheit, intelligent, von wachem Verstand – dann möchte man vielleicht wie er sein. Und wenn man das nicht ist, ist man verletzt. Der Vergleich kann einer der Faktoren sein, durch die man psychisch verletzt wird, aber warum vergleicht man überhaupt?

Kann man in der modernen Welt eine Existenz ohne ein einziges Bild führen? Der Redner sagt, es ist möglich, es kann erreicht werden. Aber es bedarf großer Energie, selbst herauszufinden, ob es möglich ist, nie verletzt zu werden und darüber hinaus ein Leben ohne jede Überzeugung zu leben. Denn es sind die Überzeugungen, die die Menschen entzweien, so daß sie einander zerstören. Kann man also ohne jede Überzeugung leben und niemals eine bestimmte Vorstellung von sich selbst haben? Das wäre die wirkliche Freiheit.

Es ist möglich, wenn jemand, der ein Bild von sich selbst hat und zum Beispiel ein Idiot genannt wird, dieser Feststellung und dem Ton, in dem sie gemacht wird, absolute Aufmerksamkeit schenkt. Denn wenn man eine bestimmte Vorstellung von sich besitzt und Idiot genannt wird, reagiert man unverzüglich. Da diese Reaktion sofort erfolgt, schenken Sie dieser Spontaneität Aufmerksamkeit. Das heißt, achten Sie sehr sorgfältig auf die Feststellung, Sie seien ein Idiot, widmen Sie ihr Ihre uneingeschränkte Aufmerksamkeit. Wenn jemand mit absoluter Aufmerksamkeit zuhört, erfolgt keine Reaktion. Es ist der Mangel an aufmerksamem Zuhören, der das Bild heraufbeschwört und damit eine Reaktion. Nehmen Sie an, ich hätte ein bestimmtes Bild von mir, weil ich die ganze Welt bereist habe und so weiter. Nun kommt jemand auf mich zu und sagt: »Hören Sie mal, alter Junge, Sie sind aber nicht so gut wie dieser andere Guru«. Ich höre genau hin, widme der Aussage absolute Aufmerksamkeit. Wenn völlige Aufmerksamkeit vorherrscht, bildet sich kein Mittelpunkt. Es ist die Unaufmerksamkeit, die das Zentrum schafft. Ein Geist, der eher träge gewesen ist, ein Gehirn, das verwirrt war, das sich nie wirklich mit einem Thema auseinandergesetzt hat, das sich selbst nie die höchsten Fähigkeiten abverlangt hat, wie soll das eine solche Aufmerksamkeit hervorbringen? Gibt es eine totale Aufmerksamkeit gegenüber der Feststellung, man sei ein Idiot, dann hat diese Feststellung jede Bedeutung verloren. Wo Aufmerksamkeit vorherrscht, existiert kein Zentrum mehr, aus dem die Reaktion kommt.

1. Mai 1982

8

Saanen

Offensichtlich sind wir stets um Wirkungen besorgt; stets versuchen wir, diese Wirkungen oder Resultate zu verändern, nie kümmern wir uns in ähnlicher Weise um die Ursachen. Unsere gesamte Denk- und Handlungsweise hat aber Ursachen, einen Grund. Was steckt dahinter?

Hoffentlich haben Sie nichts dagegen, erneut daran erinnert zu werden, daß der Redner völlig unbedeutend ist. Der Redner ist nicht wichtig. Wichtig ist es dagegen, daß Sie herausfinden, ob das, was gesagt wird, richtig oder falsch ist, und das hängt von der Intelligenz ab. Intelligenz ist das Aufdecken des Unzutreffenden, Falschen und seine Zurückweisung. Bitte vergessen Sie nicht, daß wir diese Probleme gemeinsam, kooperativ untersuchen und erforschen wollen, Sie genauso wie der Redner. Es geht nicht darum, ihm in seiner Beweisführung einfach zu folgen. Er verfügt über keinerlei besondere Autorität. Das muß immer wieder gesagt werden, da die meisten von uns den Hang haben, einfach jenen zu folgen, die im Ruf stehen, »geistvoll« zu sein. Erlauben Sie mir daher, noch einmal zu wiederholen: Unser Geist ist darauf abgerichtet, dem Vorgegebenen zu folgen, wie wir etwa einem Dozenten an der Universität folgen. Er unterrichtet uns, und wir akzeptieren, was er sagt, weil wir davon ausgehen, daß er mehr von seinem Fachgebiet versteht als wir. Aber darum geht es hier nicht.

Der Redner unterrichtet Sie nicht, noch drängt er Sie dazu, jene Dinge zu akzeptieren, die er sagt. Vielmehr sollten wir gemeinsam unsere überaus komplexen Probleme untersuchen und dafür all unsere Kraft einsetzen. Wenn Sie einfach nur akzeptieren, was der Redner sagt, dann bestätigen Sie sich nur die Vorstellung, die Sie sich vom Redner oder von dem, worüber er spricht, gemacht haben.

Wir werden gemeinsam zu ergründen versuchen, was Intelligenz ist. Sind das Denken, unsere Handlungen, die ganze soziale und moralische (oder unmoralische) Welt, in der wir leben, Aktivitäten der Intelligenz? Einer der Faktoren der Intelligenz ist das Entdecken und Erforschen. Es gilt das Falsche zu erforschen, weil im Erkennen des Falschen, dem Aufdecken der Illusion, die Wahrheit liegt – und Wahrheit ist Intelligenz.

Hat Intelligenz eine Ursache? Das Denken hat eine Ursache. Man denkt, weil man Erfahrungen gemacht, Informationen und Wissen angesammelt hat. Dieses Wissen ist nie vollständig, es ist mit Unwissen durchsetzt: Aus Wissen und Unwissen wird das Denken geboren. Es muß partiell, beschränkt und bruchstückhaft bleiben, weil es dem Wissen entstammt und das Wissen zu keiner Zeit vollständig sein kann. Das Denken bleibt also stets unvollständig, unzulänglich, beschränkt. Und wir setzen dieses Denken ein, ohne auf seine Grenzen zu achten. Wir produzieren endlose Denkprozesse und verehren die Dinge, die das Denken geschaffen hat. Das Denken hat Kriege erschaffen und die Werkzeuge des Krieges. Das Denken hat die gesamte technologische Welt entworfen. Aber ist das Denken, das Vergleichen, Identifizieren, Streben nach Selbstverwirklichung, Befriedigung und Sicherheit – ist das intelligent? Die Bewegung des Denkens verläuft mit der Zeit: aus der Vergangenheit über die Gegenwart in die Zukunft. Und das Denken verfügt, weil es anpassungsfähig ist, über eine

Geschicklichkeit, wie sie außer dem Menschen keinem Tier zur Verfügung steht.

Das Denken unterliegt offensichtlich dem Kausalprinzip. Man möchte ein Haus bauen, man möchte ein Auto fahren, man möchte einflußreich oder prominent sein; man ist einfältig, will aber klug sein, man will etwas erreichen, man will sich selbstverwirklichen – all das sind Strebungen aus dem Mittelpunkt des Denkens heraus. Das ist ganz offensichtlich. Über das Offensichtliche werden wir zu dem vordringen, was sich als schwierig erweisen könnte. Aber zunächst müssen wir uns über das Offensichtliche ganz klar sein. Da gibt es Ursache und Wirkung. Eine Wirkung, die spontan eintreten, aber auch aufgeschoben werden kann. Die Spanne zwischen Ursache und Wirkung ist Zeit. In der Vergangenheit hat man etwas getan, was nicht richtig war; die Konsequenzen dessen können sich sofort, aber auch erst nach fünf Jahren zeigen. Der Ursache folgt die Wirkung; die Pause dazwischen, ob sie nun eine Sekunde oder Jahre währt, ist Zeit. Ist also Intelligenz die Bewegung der Zeit? Denken Sie darüber nach, weil hier keine letzte Erklärung gegeben werden soll. Sie selbst müssen die Realität wahrnehmen, die Wahrheit erkennen.

Betrachten wir die verschiedenen Aspekte unseres täglichen Lebens – nicht irgendein utopisches Konzept oder irgendeine Ideologie, nach der wir uns richten müßten –; untersuchen wir unser Leben, dieses Leben, das das Leben der gesamten Menschheit ist. Es ist nicht mein Leben oder Ihr Leben; das Leben ist eine einzige ungeheure Bewegung. Und von dieser Bewegung haben wir einen Teil abgespalten, den wir unser individuelles Selbst nennen.

Wir sagen, daß ohne Ursache keine Wirkung eintritt. Leidet jemand an Tuberkulose, so ist das die Ursache für Hustenanfälle und Blutverlust; die Ursache kann geheilt werden, und die Folgen verschwinden. Das ganze menschliche Wesen ist ein Kreislauf von Ursache und Wirkung: Sie schmeicheln mir, ich bin entzückt und schmeichele wiederum Ihnen. Sie sagen etwas Unfreundliches zu mir, und ich lehne Sie ab. Überall gibt es Ursache und Wirkung. Zweifellos. Nun fragen wir: Kann man ohne das Kausalprinzip leben? Kann man seinem Kreislauf ein Ende setzen? Dazu müssen wir verstehen, was es heißt, ein Ende zu setzen. Man setzt seinem Zorn oder seiner Habgier ein Ende, um etwas anderes zu erreichen, man hat einen Grund. Das Ende der einen Ursache führt also zu einer neuen. Dann ist das Ende also nur eine Weiterführung? Man beendet etwas und beginnt etwas anderes, das jedoch nur eine andere Form der gleichen Sache ist. Um sich in diese Frage gründlich genug vertiefen zu können, muß man den Konflikt der Gegensätze verstehen, den Konflikt der Dualität. Man ist habgierig, muß diese Eigenschaft jedoch aus verschiedenen sozialen oder wirtschaftlichen Gründen abschaffen. Mit dem Abschaffen des einen möchte man etwas anderes; dann ist das eine Ursache. Diese neue Ursache ist das Resultat der Habgier. Beim Abschaffen der Habgier hat man sie lediglich durch etwas anderes ersetzt. Man ist von Natur aus gewalttätig; die Menschen haben die Gewalttätigkeit vom Tier geerbt. Man möchte dieser Gewalttätigkeit ein Ende setzen, weil man sie als allzu stupide empfindet. Bei dem Versuch, die Gewalttätigkeit loszuwerden, bemüht man sich darum, ein Gebiet zu finden, das keinen Schatten von Gewalttätigkeit in sich birgt. Aber man setzt damit der Gewalttätigkeit nicht wirklich ein Ende, man übersetzt ein Gefühl lediglich in ein anderes – das Prinzip ist das gleiche.

Wenn wir uns auf dieses Thema gründlich genug einlassen, wird das Auswirkungen auf unser tägliches Leben haben; es kann sogar das Ende des Konflikts bedeuten. Unser Leben, unser Bewußtsein ist in Konflikt, es ist verwirrt und widersprüchlich. Unser Bewußtsein ist das

Ergebnis des Denkens. Das Denken ist dem Kausalprinzip unterworfen, und genauso unser ganzes komplexes Leben mit all seinen Widersprüchen, seinen Imitationen, seiner Konformität, seinen Vorurteilen und Denkweisen. Kann man das Kausalprinzip durch den Willen außer Kraft setzen – allein durch das Verlangen, ein geordnetes Leben zu führen? Wenn man das versucht, dann ist auch dieses »andere« Leben aus dem Kausalprinzip geboren – weil man in Unordnung lebt. Die Unordnung des Lebens zu entdekken und nach einem geordneten Leben zu verlangen, entspricht wieder dem Kausalprinzip. Das Leben kann nicht geordnet werden.

Was ist Ordnung? Es gibt die Ordnung der Gesetze, die auf vielerlei Erfahrungen, Erkenntnissen, Notwendigkeiten und Nützlichkeiten basiert und potentielle Bösewichte disziplinieren soll. Das, was wir soziale, ethische oder politische Ordnung nennen, entstammt dem Kausalitätsprinzip. Fragen wir uns selbst: Hat Ordnung eine innere, psychische Ursache? Erkennen wir, daß wir in Unordnung und Widersprüchen leben, uns allem anpassen und unsere Wünsche hintanstellen, wenn wir nur irgend etwas erhalten? Der Konflikt der Widersprüche ist Unordnung. Also akzeptieren wir eine Form des Denkens als Ordnung und nennen ihr Gegenteil Unordnung. Sie kann aber jederzeit in die Ordnung einbrechen, damit müssen wir leben. Kann die Unordnung also je aus unserem Leben verschwinden, indem wir nach Ordnung streben? Man möchte friedlich leben, man möchte eine angenehme Existenz haben, viele Freunde und so weiter. Dieses Verlangen ist aus der Unordnung geboren. Die Ursache des Gegenteils einer Sache ist dessen Gegenteil: Man haßt, sollte aber nicht hassen; daher bemüht man sich, nicht zu hassen. Nicht zu hassen ist das Ergebnis des Hasses. Wenn es jedoch gar keinen Haß gibt, existiert auch sein Gegenteil nicht.

Das Denken hat die Unordnung geschaffen. Lassen Sie uns diese Tatsache ganz klar erkennen. Das Denken hat durch Nationalismus und Glaubensüberzeugungen – einer ist Jude, der andere Araber, einer glaubt, der andere nicht – Unordnung in die Welt gebracht. All das sind Denkaktivitäten, die unterscheidend und damit entzweiend sind. Das Denken kann keine Einheit hervorbringen, da es selbst bruchstückhaft ist. Das Fragmentarische kann das Ganze nicht erkennen. Man stellt fest, daß das eigene Bewußtsein in Unordnung ist, und wünscht sich Ordnung, die dann auch den Konflikt beseitigen soll. Man verfolgt also eine Absicht. Das Verlangen nach Ordnung ist somit aus der Unordnung geboren. Die ersehnte Ordnung verewigt die Unordnung – wie es auf politischen, religiösen und anderen Gebieten ständig geschieht.

Man erkennt die Ursache der Unordnung, aber man entzieht sich ihr nicht. Man sieht die Ursachen dafür, daß man widersprüchlich oder zornig ist. Man sieht die Konfusion und erkennt ihre Ursache. Man kann sich aber weder der Ursache noch der Wirkung entziehen. Man ist die Ursache, und man ist die Wirkung. Man versteht, daß man selbst die Ursache der Ereignisse ist. Jede Bewegung, jede Reaktion setzt nur einen neuen Grund und stärkt die Unordnung. Gibt es also ein Ende, ohne diesen Kreislauf bis in jede Zukunft fortzusetzen? Ein Ende dessen, was ist, das kein neuer Anfang des Beendeten wäre? Jede Zukunft, die durch mein Verlangen nach Ordnung hervorgerufen wird, bliebe eine Fortsetzung der Unordnung. Kann ich also meine Unordnung wahrnehmen und ihr ein Ende setzen, ohne neue Ursachen in Kraft zu setzen?

Man ist gewalttätig. Allen menschlichen Wesen wohnt Gewalttätigkeit inne. Die Ursache dieser Gewalt ist eine grundsätzliche Selbstbezogenheit. Auch »mein Nächster« ist selbstbezogen, also gewalttätig. Daher kommt es zwischen uns zum Kampf. Das Denken strebt keine Gewaltlosigkeit an, die auch wieder eine Form der Gewalt ist. Wenn man das ganz klar erkennt, dann ist man nur noch um die Gewalttätigkeit besorgt. Die Ursache dieser Gewalttätigkeit kann in unseren widersprüchlichen Wünschen oder in äußerem Druck liegen und so weiter. Es gibt viele Ursachen, eine davon ist das Selbst. Das Selbst hat viele Aspekte, es versteckt sich hinter vielen Ideen. Man ist zum Beispiel Idealist und möchte für sein Ideal arbeiten, aber im Hinwirken auf dieses Ideal wird man selbst immer wichtiger, und das bemäntelt man wiederum mit dem Ideal. Diese Flucht vor sich selbst ist Bestandteil des Selbst. So kann ein Idealist durchaus andere Menschen töten, weil er sich danach eine bessere Welt erhofft. Sie wissen, wie das vor sich geht.

Unser Leben ist durch vielfältige Ursachen konditioniert. Gibt es eine Möglichkeit, das Leben psychisch ohne diese Ursachen zu führen? Bitte überlegen Sie sich das einmal. Der Gegenstand lohnt es. Schon die Frage zu stellen, ist das Ergebnis einer tiefen Erkenntnis. Es verlangt einen nach Sicherheit, also folgt man einem Guru. Man kann sich dessen Gewänder anziehen und das nachsprechen, was er sagt – aber tief innerlich geht es einem vor allem darum, sicher zu sein. Man klammert sich an irgendeine Idee, an irgendein Bild. Aber das Bild, die Idee oder der Guru können niemals Sicherheit vermitteln. Daher hat man sich dem Thema Sicherheit zuzuwenden. Gibt es überhaupt so etwas wie innerliche Sicherheit? Man ist unsicher und verwirrt, und da kommt ein anderer und sagt, er sei nicht verwirrt, also hält man sich an ihn. Irgendwie will man Frieden, Hoffnung und Ruhe im Leben finden. Der andere ist dabei nicht wichtig, das eigene Verlangen drängt einen dazu, alles zu tun, was er verlangt, und ihm zu folgen. Man ist dumm genug, all das zu tun, aber wenn man sich einmal die Mühe macht, die Ursachen zu erforschen, dann entdeckt man tief in einem selbst, daß man Sicherheit und Schutz ersehnt. Kann es aber jemals psychische Sicherheit geben? Mit dieser Frage ist die Intelligenz gefordert, sie selbst ist ein Akt der Intelligenz. Solange man behauptet, es läge Sicherheit in einem Symbol, in einem Retter, in diesem und jenem, wird man sich nicht davon trennen. Was aber, wenn man zu fragen beginnt, ob es psychische Sicherheit überhaupt geben kann...? Denn wenn es eine Ursache für Sicherheit gibt, dann ist sie nicht sicher, denn das Verlangen nach Sicherheit ist das Gegenteil von Sicherheit.

Hat die Liebe eine Ursache? Wir haben gesagt, daß Intelligenz keine Ursache hat. Es ist nicht Ihre Intelligenz, es ist nicht meine Intelligenz. Intelligenz ist Licht, nicht mein Licht oder Ihr Licht. Die Sonne ist nicht Ihre oder meine Sonne; sie ist die Klarheit des Lichts. Hat die Liebe eine Ursache? Wenn nicht, dann gehen Intelligenz und Liebe Hand in Hand. Was hat es zu bedeuten, wenn jemand zu seiner Frau oder seiner Freundin sagt: »Ich liebe dich«? Man liebt Gott. Man weiß nichts über dieses Wesen und liebt es. Aus Angst verlangt man nach Sicherheit; und das ungeheure Gewicht der Überlieferung und die »heiligen« Bücher bringen einen dazu, ein Wesen zu lieben, von dem man nichts weiß. Man sagt also: »Ich glaube an Gott.« Wenn man jedoch erkennt, daß Intelligenz absolute Sicherheit bedeutet und Liebe jenseits von Kausalität und Ordnung liegt, dann steht das Universum offen – und das Universum ist Ordnung.

Lassen Sie uns auf die Frage eingehen, was intelligente Beziehungen sind; nicht jene Beziehungen, die aus dem Denken und seinen Ideen und Bildern entstehen. Unsere Gehirne arbeiten mechanisch – sie reagieren nur, sind niemals frei, sondern drehen sich stets im Kreis. Sie halten sich für frei, weil sie sich auf einem Gebiet von einer Ecke in die andere bewegen können. Diese Wahlmöglichkeit wird für Freiheit gehalten, ist es aber nicht. Das Gehirn des Menschen, das sich über lange Zeiträume durch Tradition, Erziehung und Anpassung entwickelt hat, ist mechanisch geworden. Es mag Bereiche des menschlichen Gehirns geben, die frei sind, aber das ist nicht bewiesen, also beharren Sie nicht darauf. Sagen Sie nicht: »Ja, es gibt Bereiche in meinem Gehirn, die frei sind«, denn das ist sinnlos. Es bleibt die Tatsache, daß das Gehirn mechanisch, traditionell und wiederholend arbeitet und seine eigene Art von Wahrnehmung und Anpassung entwickelt hat. Es ist stets beschränkt und fragmentarisch. Das Denken geschieht in den Zellen dieses Gehirns.

Das Gehirn ist mechanisch geworden. Das zeigt sich, wenn ich sage: »Ich bin ein Christ«, oder: »Ich bin kein Christ«, »Ich bin Hindu«; »Ich glaube«, »Ich glaube nicht«. Das alles ist pure Mechanik, Reaktion auf eine vorangegangene Reaktion und so weiter. Durch seine Konditionierung hat das Gehirn eine künstliche, mechanische Intelligenz wie die eines Computers entwickelt. Wir sollten uns an diesen Ausdruck halten: mechanische Intelligenz. (Es werden übrigens Milliarden von Dollar ausgegeben, um herauszufinden, ob ein Computer genau wie ein Gehirn funktionieren kann.) Das Denken, das aus der Erinnerung, aus im Gehirn gespeichertem Wissen herrührt, ist mechanisch; es mag durchaus die Fähigkeit zum Erfinden besitzen, dennoch bleibt es mechanisch. Erfindungsgabe ist etwas ganz anderes als Kreativität. Das Denken bemüht sich, eine andere Art der Lebensführung zu erfinden oder eine neue Gesellschaftsordnung zu schaffen. Aber jede durch das Denken erfundene Sozialordnung bewegt sich immer noch innerhalb des Konfusionsbereiches. Wir fragen: Gibt es eine Intelligenz, die keine Ursache hat und die unsere gegenwärtigen, rein mechanischen Beziehungen überwinden kann?

Unsere Beziehungen sind mechanisch. Man hat bestimmte biologische Bedürfnisse und befriedigt sie. Man verlangt nach gewissen Bequemlichkeiten und nach Gesellschaft, weil man einsam ist oder niedergeschlagen und weil diese Depressionen durch das Zusammensein mit anderen vielleicht vergehen werden. Unseren Beziehungen – den intimen wie allen anderen – geht stets ein Grund voran, aus dem man sie anknüpft. Sie sind mechanisch. So hat es sich seit Jahrtausenden abgespielt: Es scheint immer den Konflikt zwischen Mann und Frau gegeben zu haben, jenen Kampf, in dem jeder seine eigene Richtung verfolgt und man einander nie wirklich begegnet – wie zwei Eisenbahnschienen. Diese Beziehungen sind beschränkt, da sie dem Denken entspringen, das begrenzt ist. Wo Beschränkungen existieren, muß es zu Konflikten kommen. In jeder Form von Vereinigung – einer gehört zu dieser Gruppe, ein anderer zu einer anderen – gibt es Abgeschiedenheit und Isolation, und Isolation bedeutet Konflikte. Das ist keine These, die vom Redner aufgestellt wird, das ist ein Gesetz. Das Denken unterliegt immer Beschränkungen und isoliert sich auf diese Weise selbst. Daher muß es in Beziehungen, in denen das Denken vorherrscht, zu Konflikten kommen. Bitte erkennen Sie diese Realität. Nehmen Sie das Gesagte nicht als bloße Vorstellung, sondern erkennen Sie, was im täglichen Leben tatsächlich geschieht – Scheidungen, Streitigkeiten, Abneigungen, Haß, Eifersucht; Sie kennen dieses ganze Elend. Ihre Ehefrau möchte Sie verletzen, sie ist auf Sie eifersüchtig, und auch Sie sind eifersüchtig – das alles sind rein mechanische Reaktionen auf der Grundlage des wiederholenden Denkens: Sie müssen zu Konflikten führen. Stellen Sie sich vor, Ihre Frau und Sie streiten sich. Sie haßt Sie, und Sie reagieren mechanisch: Sie hassen sie ebenfalls. Erkennen Sie, daß die Erinnerung an Ereignisse im Gehirn gespeichert wird und daß sich das Tag für Tag fortsetzt. Ihr gesamtes Denken ist ein Prozeß der Isolierung – und auch

Ihre Frau befindet sich in der Isolation. Aber keiner von Ihnen entdeckt die Wahrheit dieser Isolation. Nun, was sagen Sie zu diesem Beispiel? Was werden Sie mit dieser Tatsache anfangen? Suchen Sie Ursachen, Gründe? Seien Sie vorsichtig, sagen Sie nicht: »Meine Frau haßt mich«, nur um zu verdrängen, daß auch Sie sie nicht mögen und mit ihr nicht mehr zusammenleben wollen, weil Sie beide isoliert sind. Sie haben beide Ihre eigenen Vorstellungen und Wünsche. Also funktioniert Ihre Beziehung aus der Isolation heraus. Suchen Sie jetzt nur wieder Ursachen? Oder betrachten Sie diese Tatsache völlig absichtslos? Was geschieht, wenn Sie sich ihr auf diese Art nähern? Versuchen Sie es. Kommen Sie nicht zu voreiligen Schlüssen, gehen Sie in sich. Bisher sind Sie das Problem immer ganz mechanisch, mit einer Absicht, aus einem bestimmten Grund heraus angegangen. Nun aber erkennen Sie, wie unsinnig das ist, da es aus dem Denken kommt. Ist also eine Annäherung an die Tatsache ohne Gründe und Absichten möglich – auch wenn Ihre Frau sie durchaus haben mag? Wie nehmen Sie die Tatsache dann wahr? Sie ist nichts von Ihnen Getrenntes, Sie sind die Tatsache. Sie sind Ehrgeiz, Sie sind Haß, Sie sind von jemandem oder etwas abhängig. Es ist also möglich, Realität, die Sie selbst sind, ohne ursächliches Denken wahrzunehmen. Wie das? Wenn Sie sie nicht auf diese Art wahrnehmen, leben Sie ständig im Konflikt. Nun könnten Sie sagen: »So ist das Leben nun mal.« Wenn sie das als »das Leben« akzeptieren, dann ist das Ihre Sache. Ihr Gehirn, Ihre Traditionen, Ihre Gewohnheit sagen Ihnen, daß der Konflikt unvermeidlich sei. Wenn Sie jedoch die Absurdität einer solchen Haltung erkennen, dann müssen Sie auch wahrnehmen, daß Sie selbst diese Qual sind; Sie sind der Feind, nicht Ihre Frau.

Sie sind Ihrem Feind begegnet und haben festgestellt, daß Sie es selbst sind. Können Sie jetzt Ihr »Ich« als Ganzes, als

Selbst erkennen? Finden Sie nicht auch, daß die herkömmliche Annahme, Sie seien etwas Separates, ziemlich verdreht ist – wenn man einmal das menschliche Bewußtsein als Ganzes wahrgenommen hat? Sie sind dem Verständnis dessen, was Intelligenz ist, nähergekommen. Wir haben gesagt, daß Intelligenz keine Ursache hat, genauso wie die Liebe. Wenn Liebe eine Ursache hätte, wäre es keine Liebe mehr. Sind Sie »intelligent«, weil Sie einen Posten in der Regierung bekommen haben? Oder weil Sie sich meiner Meinung anschließen? Das wäre keine Intelligenz, sondern Anpassung. Intelligenz hat keine Ursache. Ergründen Sie, ob Sie sich selbst ruhig und absichtslos betrachten. Erkennen Sie die Realität, daß Sie isoliert denken, arbeiten und empfinden und daß Isolation zwangsläufig Konflikte zur Folge hat? Erkennen Sie, daß Sie selbst die Isolation, daß Sie der Feind sind? Und wenn sie sich selbst ganz ohne Motiv betrachten: Ist da noch ein »Selbst«? Ein Selbst als Ursache und Wirkung; ein Selbst als Resultat der Zeit, der Bewegung zwischen Ursache und Wirkung? Wenn Sie sich selbst so wahrnehmen, wenn Sie die Realität so betrachten, dann ist das das Ende des Bisherigen und der Beginn von etwas absolut Neuem.

15. Juli 1982

9

Brockwood Park

Bedenken Sie, was auf dieser Erde vor sich geht, auf der der Mensch ein derartiges Chaos hervorgerufen hat, wo es Kriege und andere schreckliche Dinge gibt. Das ist weder eine pessimistische noch eine optimistische Sicht der Dinge; es ist lediglich die Wahrnehmung dessen, was ist. Scheinbar ist es nicht möglich, auf dieser Welt in Frieden zu leben oder den Mitmenschen mit Freundschaft und Zuneigung zu begegnen. Um in Frieden mit sich und der Welt leben zu können, bedarf es der Intelligenz. Es reicht nicht aus, ein Konzept vom Frieden zu haben und danach zu streben, ein friedliches Leben zu führen – was lediglich ein Dahinvegetieren werden kann –, sondern es geht darum, nach Möglichkeiten zu suchen, in dieser Welt, in der es eine solche Unordnung gibt und Rechtschaffenheit ein altmodisches Wort geworden ist, lebendigen Herzens und klaren Verstandes mit sich in Einklang zu leben. Kein Leben in dauerndem Streben, kein Leben in Konflikt, Konkurrenz, Nachahmung und Anpassung, kein befriedigtes oder erfülltes Leben, kein Leben um irgendwelcher Ziele willen, im Gieren nach Ruhm oder Reichtum – sondern ein Leben im Frieden mit sich und der Welt. Wir sollten uns gemeinsam in dieses Thema vertiefen, um herauszufinden, ob es überhaupt möglich ist, diesen Frieden zu finden – nicht nur Seelenfrieden, der lediglich ein geringer Teil ist, sondern diese gelassene und doch ungeheuer lebendige Ruhe mit ihrem Gefühl von Würde und ohne jede Spur von Vulgarität. Ist es möglich, ein derartiges Leben zu führen?

Haben Sie sich inmitten all der Unordnung, die uns umgibt, diese Frage schon einmal gestellt? Man sollte sich darüber im klaren sein, daß die Welt in Unordnung geraten ist. Jeden Morgen liest man in der Zeitung irgend etwas Schreckliches; von Flugzeugen, die mit erstaunlicher Geschwindigkeit von einem Ende der Welt zum anderen fliegen können, ohne aufgetankt werden zu müssen, und eine große Last an Bomben oder Giftgasen mit sich tragen, die den Menschen innerhalb weniger Sekunden vernichten können. Wenn man das alles sieht und erkennt, wie weit es der Mensch gebracht hat, kann man das Gefühl bekommen, mit dieser Frage an Unmögliches zu rühren, an die angebliche Unmöglichkeit, in dieser Welt innerlich gelassen zu leben, keine Probleme zu haben, ein selbstloses Leben zu führen. Darüber zu sprechen ist ziemlich sinnlos, es sei denn, man gelangt über die Verständigung miteinander in einen Zustand höchster Ruhe. Das verlangt Intelligenz, keine Phantasie, keine Tagträumerei, Meditation genannt, keine Selbsthypnose, sondern Intelligenz.

Was ist Intelligenz? Sie erkennt, was illusionär, falsch und nicht real ist, und schaltet es aus. Sie stellt nicht einfach nur fest, was falsch ist, um es dann dabei zu belassen, sie schaltet es endgültig aus. Das ist Teil der Intelligenz. Wahrzunehmen, daß der Nationalismus mit seinem Patriotismus, seiner Isolation und seiner Engstirnigkeit zerstörerisch ist, daß er Gift für die Welt ist. Es ist intelligent, angesichts dieser Wahrheit das, was falsch ist, abzulegen. Das ist Intelligenz. Aber mit dem Falschen fortzufahren, obwohl man es erkannt hat, bedeutet Dummheit und Unordnung; es schafft nur noch mehr Chaos. Intelligenz ist nicht der kluge Austausch von Argumenten, von einander widersprechenden

chenden Meinungen – als könnte durch Meinungen die Wahrheit gefunden werden –, sondern die Einsicht, daß das Denken mit all seinen Fähigkeiten trotz seiner Spitzfindigkeit und nie erlahmenden Aktivität keine Intelligenz ist. Intelligenz geht über das Denken hinaus.

Um friedvoll zu leben, muß man die Unordnung näher betrachten. Warum leben die Menschen, die für außergewöhnlich entwickelt gelten und auf verschiedenen Gebieten außerordentlich fähig sind, in einer derartigen Unordnung? Warum tolerieren sie sie? Wenn man die Wurzel der Unordnung erkennt, ihre Ursachen sorgsam beobachtet, dann liegt darin das Erwachen von Intelligenz. In der Wahrnehmung der Unordnung, nicht im Streben danach, Ordnung zu schaffen. Ein verwirrter, »ungeordneter« Geist wird, auch wenn er danach strebt, Ordnung zu schaffen, doch in Unordnung verharren. Man ist verwirrt, unsicher, geht von einer Sache zur anderen über, ist beladen mit vielen Problemen: Aus einem solchen Leben heraus ersehnt man sich Ordnung. Doch das, was dann Ordnung zu sein scheint, ist aus der eigenen Konfusion heraus geboren und daher immer noch konfus.

Was ist nun die Ursache der Unordnung? Sie hat viele Gründe: das Verlangen vorwärtszukommen, die Angst, dieses Ziel zu verfehlen, das widersprüchliche Leben, das man führt, wenn man das eine sagt und dann etwas ganz anderes tut, wenn man eine Sache unterdrücken will, um eine andere zu erreichen. Das sind die Widersprüche in einem selbst. Man kann viele Ursachen finden, ihre Zahl ist Legion. Man könnte sich jedoch auch selbst erforschen und fragen, ob es nicht eine Grundursache gibt. Offensichtlich ist das so. Diese Grundursache ist das Selbst, das »Ich«, das »Ego«, die Persönlichkeit, die durch das Denken produziert wird, durch Erinnerung, durch verschiedenste Erfahrungen, bestimmte Worte, gewisse Qualitäten, die das Gefühl der Andersartigkeit und Isolation hervorrufen. Das ist die Grundursache der Unordnung. Wie sehr sich das Selbst auch darum bemüht, nicht es selbst zu sein – es handelt sich dabei doch stets um die Anstrengungen des Selbst. Dieses Selbst kann sich mit der Nation identifizieren, aber auch die Identifikation mit einem Größeren ist und bleibt Selbstverherrlichung. Jeder von uns macht das auf unterschiedlichste Art und Weise. Das Selbst ist durch das Denken zusammengefügt; das ist die Grundursache der Unordnung, in der wir uns befinden. Wenn man untersucht, was Unordnung schafft – und man hat sich an sie gewöhnt, hat stets mit ihr gelebt und sie als selbstverständlich hingenommen –, dann beginnt man, sie in Frage zu stellen. Man nimmt sie wahr, unternimmt aber nichts gegen sie; und gerade diese Betrachtung beginnt das Zentrum aufzulösen, das die Unordnung bewirkt.

Intelligenz ist das Erfassen dessen, was wahr ist; sie lehnt all das ab, was falsch ist; sie sieht die Wahrheit im Falschen und realisiert, daß keine der Denkaktivitäten intelligent ist. Sie erkennt, daß das Denken ein Produkt des Wissens, Ergebnis von Erfahrung, von gespeicherter Erinnerung ist und die Reaktion der Erinnerung Denken darstellt. Wissen ist stets beschränkt – das ist unbestreitbar –, es gibt kein absolutes Wissen. Folglich ist das Denken trotz seiner Agilität und all des Wissens keine Intelligenz. Es fragt sich also: Welchen Platz hat das Denken im Leben? Alle unsere Handlungen beruhen auf dem Denken. Alle Erfindungen, alle technologischen Errungenschaften, das gesamte Wirtschaftsleben, all die Künste, die Götter, die wir uns geschaffen haben, sind Produkte des Denkens. Welchen Stellenwert haben also Wissen und Denken in bezug auf die Degeneration des Menschen?

Der Mensch hat in den Wissenschaften, in Psychologie, Biologie, Mathematik und so weiter ein immenses Wissen angesammelt. Und wir glauben, daß uns das Wissen befreien und verändern wird. Nun, wir fragen nach dem Platz des Wissens in unserem Leben. Hat uns das Wissen verändert, gebessert, gut gemacht? – Wieder so ein altmodisches Wort. – Hat es uns Integrität vermittelt? Hat es uns Gerechtigkeit oder Freiheit gebracht? Es hat uns Freiheit in dem Sinne geschenkt, daß wir von einem Land ins andere reisen und weltweit miteinander sprechen können. Wir verfügen über bessere Lern- und Lehrmethoden, über Computer und Atombomben. Das sind die Ergebnisse des Potentials, das unser Wissen darstellt. Wieder fragen wir: Hat uns dieses Wissen die Freiheit gebracht, ein gerechtes Leben, eine Existenz, die grundsätzlich gut ist?

Freiheit, Gerechtigkeit und Güte – diese drei bildeten eines der großen Probleme der alten Zivilisationen, die um ein gerechtes Leben kämpften. Das Wort »gerecht« bedeutet, rechtschaffen zu sein, wohlwollend und großzügig zu handeln und Haß oder Antagonismen abzulehnen. Ein gerechtes, richtiges Leben zu führen heißt, nicht einem vorgefertigten Muster entsprechend zu leben, nicht irgendwelchen bizarren Vorstellungen des Denkens zu folgen. Es bedeutet, ein Leben zu führen, das von Mitgefühl und Wahrheit bestimmt ist. In dieser Welt gibt es keine Gerechtigkeit; der eine ist klug, ein anderer nicht; der eine ist einflußreich, ein anderer nicht; der eine kann die ganze Welt bereisen und prominente Menschen kennenlernen, ein anderer lebt in einer kleinen Stadt in beengten Verhältnissen und muß Tag für Tag arbeiten. Wo bleibt da die Gerechtigkeit? Kann Gerechtigkeit in äußerlichen Aktivitäten gefunden werden? Der eine wird Premierminister, Präsident, Vorstandsvorsitzender eines internationalen Unternehmens, und ein anderer bleibt für immer der kleine Arbeiter oder Angestellte. Wir streben nach äußerlicher Gerechtigkeit, indem wir versuchen, einen gleichmacherischen, egalitären Zustand zu schaffen. Man versucht das überall in der Welt in der Überzeugung, auf diese Weise Gerechtigkeit zu erlangen. Ist aber Gerechtigkeit vielleicht nur fernab von alldem zu finden?

Gerechtigkeit erfordert eine gewisse Integrität, man muß ein Ganzes sein, nicht zerbrochen, nicht fragmentarisch. Das kann es jedoch nur geben, wenn keinerlei Vergleiche angestellt werden. Aber wir vergleichen unablässig – bessere Autos, Häuser, berufliche Positionen, größerer Einfluß, mehr Macht und so weiter. Vergleich ist Maßstab, Bemessung. Aber wo gemessen wird, kann es keine Gerechtigkeit geben. Wo Nachahmung und Anpassung existieren, wird es keine Gerechtigkeit geben. Wenn wir auf einen anderen Menschen hören, seinen Ratschlägen oder seinem Beispiel folgen, können wir die Schönheit, die Tiefe der Dinge nicht erkennen. Wir mögen oberflächlich zustimmen, wenden uns jedoch im Grunde von ihnen ab. Wir müssen die Worte ganz ernst nehmen, ihre tiefe Bedeutung erkennen, damit sie ein Zeichen setzen, eine Saat säen: Die Gerechtigkeit muß in uns sein.

Im Gespräch mit einem ziemlich bekannten Psychologen benutzte der Redner einmal das Wort Redlichkeit. Er war entsetzt! Er sagte: »Das ist ein altmodisches Wort. Wir wenden es nicht mehr an.« Es ist aber ein gutes Wort. Was ist Redlichkeit? Es ist keineswegs das Gegenteil von dem, was schlecht ist. Wenn es der Gegensatz des Schlechten wäre, dann hätte die Redlichkeit ihre Wurzeln im Schlechten. Das Gegenteil wurzelt in seinem Gegenteil. Also ist Redlichkeit nicht mit dem verwandt, was wir für schlecht halten. Es ist etwas ganz anderes. Man muß die Redlichkeit wahrnehmen, wie sie ist, nicht als eine Reaktion auf ihr Gegenteil. Redlichkeit bedeutet, rechtschaffen zu leben. Nicht in religiösen oder moralischen Begriffen oder einem ethischen Konzept von Rechtschaffenheit entsprechend, sondern als jemand, der sich genug Sensibilität erhalten hat, das Wahre und das Falsche sofort zu erkennen und entsprechend zu handeln.

Das Wort »Freiheit« hat sehr komplexe Implikationen. Wo es Freiheit gibt, herrscht Gerechtigkeit. Freiheit wird gemeinhin nur als Wahlmöglichkeit definiert. Man hält sich für frei, weil man entscheiden kann, ins Ausland zu reisen, weil man einen Beruf wählen kann und so weiter. Aber ist das wirklich Freiheit? Wer wählt eigentlich? Und warum muß man wählen? Wenn es psychische Freiheit gibt, wenn man in der Lage ist, objektiv, unpersönlich, sehr präzise und unsentimental zu denken, dann entsteht die Wahlnotwendigkeit gar nicht erst. Wenn es keine Konfusion gibt, dann gibt es auch keinen Entscheidungszwang.

Was also ist Freiheit? Freiheit ist keineswegs das Gegenteil von Konditionierung; wäre sie es, so wäre sie lediglich eine Form der Abwehr. Freiheit ist jedoch keine Abwehr irgendwelcher Art. Ein Geist, der durch das Wissen konditioniert wurde, ist immer beschränkt und ignorant; er ist eine Maschinerie, in der Freiheit nicht vorgesehen ist. Wir alle leben mit den verschiedenartigsten Ängsten – der Angst vor dem Morgen, der Angst vor dem, was wir schon zu oft erlebt haben. Wenn wir nach Freiheit von diesen Ängsten trachten, dann hat Freiheit ein Motiv und ist daher keine Freiheit. Wenn wir Freiheit mit Kausalität vermengen, dann ist Freiheit überhaupt keine Freiheit. Freiheit schließt nicht nur einen bestimmten Aspekt des menschlichen Lebens ein, sie ist die ganze Freiheit. Und diese Freiheit hat kein Motiv.

Nun lassen Sie uns die Ursache des Kummers betrachten und untersuchen, ob diese Ursache je beseitigt werden kann. Jeder von uns hat auf die eine oder andere Art gelitten – durch Todesfälle, durch Mangel an Liebe oder unerwiderte Liebe. Das Leid hat viele Gesichter. Von Anbeginn der Zeit an hat der Mensch versucht, dem Leid auszuweichen, aber nach all den Jahrtausenden ist unser Leben immer noch voller Leid. Die Menschheit hat ungezählte Tränen vergossen. Es hat Kriege gegeben, die unendliches Leid über die Menschen gebracht haben, aber offenbar sind wir nicht in der Lage, uns von diesem Leid freizumachen. Ist es dem Menschen überhaupt möglich, von Leid und Sorgen völlig frei zu sein?

Lassen Sie uns gemeinsam herausfinden, ob wir in unserem täglichen Leben diese schreckliche Bürde abwerfen können, die der Mensch seit undenklichen Zeiten mit sich herumträgt. Ist es möglich, dem Leid ein Ende zu setzen? Wie reagieren Sie auf diese Frage? In welchem Zustand befindet sich Ihr Geist, wenn Ihnen eine solche Frage gestellt wird? Mein Sohn ist tot, mein Ehemann hat mich verlassen, ich hatte Freunde, die mich betrogen haben; ich habe mit großem Vertrauen ein Ideal verfolgt, aber es hat sich nach zwanzig Jahren als fruchtlos erwiesen. Das Leid hat solch große Schönheit und solche Pein in sich. Wie reagiert man auf eine derartige Frage? Sagt man: »Ich möchte mich damit nicht mehr befassen. Ich habe gelitten, aber das ist das Los des Menschen. Ich erkläre es mir, aber ich bin vernünftig, nehme es hin und gehe zur Tagesordnung über.« Das ist eine Art, mit diesem Problem fertig zu werden. Aber damit löst man es nicht. Oder man überträgt dieses Leid auf ein Symbol, das man dann verehrt, wie es das Christentum tut oder die alten Hindus getan haben – es ist das Los des Menschen, sein Karma. In der modernen Welt sagt man auch, daß die Eltern dafür verantwortlich seien oder die Gesellschaft, oder daß es sich um ererbte Gene handelt, die das Leiden verursachen und so weiter. Es hat Tausende von Erklärungen gegeben. Aber die Erklärungen haben den Schmerz nicht beseitigt. Wie reagieren Sie also auf diese Frage? Wollen Sie den Tatsachen ins Auge blicken, nähern Sie sich ihnen eher beiläufig oder auch beklommen? Wie nähern Sie sich einem solchen Problem? Kommen Sie ihm nahe, sehr nahe? Ist das Leid ein vom Betrachter getrennter Sachbestand, wenn er feststellt: »Ich empfinde Trauer, ich leide?« Wenn er sagt: »Ich leide«, dann hat er sich von diesem Gefühl abgesondert, hat sich ihm auf keine Weise genähert. Er hat es nicht »berührt«. Können Sie damit aufhören, dem Leid auszuweichen, es umzuwandeln, vor ihm zu fliehen? Ist es Ihnen möglich, ihm statt dessen ins Auge zu sehen? Was bedeutet, daß Sie das Leid sind. Ist Ihnen das möglich?

Sie könnten sich ein Ideal von einem Sein ohne Leid erfinden. Diese Erfindung mag dazu beigetragen haben, daß Sie in der Lage sind, das Leid aufzuschieben, sich noch weiter vom Leid abzusondern; dennoch bleibt die Tatsache, daß Sie das Leid sind. Sind Sie sich darüber klar, was das heißt? Es ist nicht so, daß jemand Ihnen Leid zugefügt hätte, noch so, daß Ihr Sohn tot ist und Sie daher Tränen vergießen. Sie können Ihren Sohn beweinen, aber das ist lediglich ein äußerlicher Ausdruck des Schmerzes. Dieses Leid ist das Ergebnis Ihrer Abhängigkeit von dem betreffenden Menschen, Ihrer Bindung, von Ihrem Gefühl, ohne ihn verloren zu sein. Also versuchen Sie – wie üblich –, die Symptome zu bekämpfen. Niemals dringen Sie jedoch bis zur Wurzel dieses Problems vor, dem Leid selbst. Wir sprechen jetzt nicht über die äußerlichen Wirkungen des Leides – wenn Sie sich um die Auswirkungen des Leidens Sorgen machen, können Sie ein Medikament nehmen und sich so beruhigen lassen. Aber wir versuchen hier, die Wurzel des Leides selbst zu erkennen, und zwar eigenständig. Ist es die Zeit, die Leid verursacht – die psychische Zeit, die das Denken erfunden hat? Verstehen Sie meine Frage?

Zwischenfrage eines Zuhörers: »Was verstehen Sie unter psychischer Zeit?«

Fragen Sie nicht mich, was psychische Zeit ist. Stellen Sie

sich selbst diese Frage. Der Redner kann Sie anregen, das Problem in Worte fassen, es handelt sich jedoch um Ihre ganz persönliche Frage. Man hat einen Sohn, einen Bruder, eine Frau, einen Vater gehabt. Sie sind gestorben. Sie können nicht zurückkehren. Sie haben diese Welt verlassen. Natürlich kann man sich nun die Glaubensüberzeugung zurechtzimmern, daß sie auf anderen Gestirnen leben. Man selbst hat sie jedoch verloren; es gibt ein Foto auf dem Klavier oder dem Kaminsims, unsere Erinnerung an sie; wie man sie geliebt hat, wie sie einen geliebt haben; welcher Halt sie doch gewesen sind; wie sehr sie geholfen hatten, die eigene Einsamkeit zu verdecken. Das ist psychische Zeit. Das Gedenken an sie ist ein zeitlicher Ablauf. Gestern waren sie noch da, heute sind sie fort. Im Gehirn ist das mit ihnen Erlebte gespeichert. Diese Erinnerung ist eine Aufnahme auf dem geistigen Magnetband; und dieses Band ist die ganze Zeit eingeschaltet, es läuft im Dauerbetrieb. Wie man mit ihnen im Wald spazieren gegangen ist, die sexuellen Erinnerungen, das Zusammensein mit ihnen, die Tröstungen, die einem von ihnen zuteil wurden. All das ist vorbei, aber das Magnetband spielt weiter. Dieses Band ist Erinnerung, und Erinnerung ist Zeit. Wenn Sie sich für dieses Thema interessieren, dann betrachten Sie es gründlich. Man hat mit einem Bruder oder Sohn gelebt, man hat glückliche Stunden mit ihm verbracht, sich gemeinsam an vielen Dingen erfreut, aber jetzt ist er fort. Doch die Erinnerung bleibt. Diese Erinnerung ist es, die den Schmerz verursacht. Diese Erinnerung ist es, um die man in seiner Einsamkeit Tränen vergießt. Ist es also möglich, nichts zu speichern, keine Erinnerung aufzubauen? Das ist eine überaus ernste Frage. Gestern früh hat man sich am Sonnenaufgang erfreut. Er war klar, so herrlich zwischen den Bäumen, die ein goldenes Licht mit langen Schatten auf den Rasen warfen. Es war ein angenehmer, schöner Morgen, und man hat ihn aufgezeichnet. Jetzt beginnt die Wiederholung. Man hat das Geschehen aufgezeichnet, das Geschehen, das in einem Entzücken hervorgerufen hat, und dann wird – wie bei einem Grammophon oder Tonband – die Aufnahme abgespielt. Das ist psychische Zeit. Aber ist es möglich, überhaupt keine Aufzeichnungen zu machen? Betrachten Sie den heutigen Sonnenaufgang, widmen Sie ihm Ihre ganze Aufmerksamkeit, geben Sie sich ganz dem Augenblick des goldenen Lichts und der langen Schatten auf dem Rasen hin, aber zeichnen Sie nichts auf, so daß keinerlei Erinnerung bleibt. Sehen sie den Sonnenaufgang mit all der Konzentration an, deren Sie fähig sind, aber speichern Sie nichts. Die Aufmerksamkeit negiert jedes Aufzeichnen und Speichern.

Ist also Zeit die Wurzel des Leides? Ist das Denken die Wurzel des Leides? Selbstverständlich. Also sind Erinnerung und Zeit die Mittelpunkte im Leben: Man lebt mit ihnen, und wenn irgend etwas Schmerzliches geschieht, dann kehrt man zu diesen Erinnerungen zurück und vergießt Tränen. Man wünscht sich, daß derjenige, den man verloren hat, bei einem wäre, um sich auch an der Sonne zu erfreuen, die man gerade betrachtet. Ebenso ist es mit den sexuellen Erinnerungen. Man schafft sich ein Bild, an das man denken kann. All das ist Erinnerung, Denken und Zeit. Wenn man fragt, ob es möglich ist, die psychische Zeit und das Denken auszuschalten, dann stellt man die falsche Frage. Wenn man diese Wahrheit erkennt – die Wahrheit Ihrer eigenen Wahrnehmung –, würde das nicht dem Leiden ein Ende bereiten?

Ist es möglich, so aufmerksam zu leben, daß man ohne alle psychischen Aufzeichnungen auskommt? Nur wenn man unaufmerksam ist, zeichnet das Gehirn auf. Man ist an seinen Bruder, seinen Sohn oder seine Frau gewöhnt; man weiß schon im voraus, was sie in dieser oder jener Situation sagen oder tun werden; sie haben es schon so häufig getan.

Man kennt sie. Wenn jemand sagt: »Ich kenne meine Frau«, dann kennt er sie offensichtlich nicht wirklich, denn es ist unmöglich, ein Lebewesen zu *kennen*. Man kennt nur tote Dinge, die tote Erinnerung.

Wenn man sich dessen ganz bewußt ist, hat das Leid eine völlig andere Bedeutung. Es gibt nichts, was man aus dem Leid lernen könnte. Es gibt nur das Ende des Leids. Und wenn es ein Ende des Leidens gibt, dann ist da Liebe. Wie kann man einen anderen Menschen lieben – in der umfassenden Bedeutung dieses Wortes wirklich lieben –, wenn das Leben auf Erinnerungen basiert, auf jenem Foto, das man über den Kaminsims gehängt oder auf das Klavier gestellt hat, wie kann man lieben, wenn man in dem ungeheuren Netz der Erinnerung gefangen ist? Das Ende des Leidens ist der Beginn der Liebe.

Darf ich eine Geschichte wiederholen? Ein Religionslehrer hatte etliche Schüler und war es gewohnt, jeden Morgen mit ihnen über die Natur von Güte, Schönheit und Liebe zu sprechen. Eines Morgens, gerade als er mit seiner Rede beginnen will, setzt sich ein Vogel auf das Fensterbrett und beginnt zu singen und zu zwitschern. Der Vogel singt eine Weile und fliegt wieder davon. Der Lehrer sagt: »Für heute ist der Unterricht beendet.«

4. September 1982

Bitte beachten Sie
die folgenden Seiten:

Jiddu
Krishnamurti

Einbruch
in die Freiheit

Ullstein Buch 34103

»Mein einziges Interesse
besteht darin, den Menschen
absolut, unbedingt frei
zu machen.«
Krishnamurtis Lehre verführt
nicht zu mystischem Tun –
er lehrt, das eigene Leben
und die Umwelt täglich als
etwas Neues, Unbekanntes
zu erleben und so sich neuen
Dimensionen der Schönheit
und Fülle zu offenbaren.
Hier und jetzt hat Leben
Sinn und Wirklichkeit.

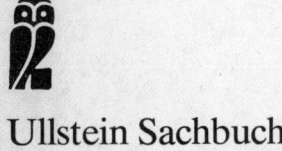

Ullstein Sachbuch

Joseph Chilton Pearce

Die heilende Kraft

Östliche Meditation
in westlicher Deutung

Ullstein Buch 34280

Umfangreiche psychologi-
sche, philosophische, kultur-
anthropologische und
naturwissenschaftliche
Studien sowie persönliche
Erfahrungen des Autors mit
dem »Siddha-Yoga« sind in
diesem Buch zu einem
brillanten Plädoyer für die
»heilende Kraft« des
meditativen Lebensweges
verarbeitet. Pearce geht
davon aus, das jeder Mensch
von Natur aus die Fähigkeit
vollkommener Selbstver-
wirklichung in sich trägt.

Ullstein Sachbuch

Gerta Ital

Meditationen aus dem Geist des Zen

Die große Umwandlung
zur Selbstbefreiung

Ullstein Buch 34257

In ihren Büchern »Der
Meister, die Mönche und
ich« und »Auf dem Weg zu
Satori« hat Gerta Ital den
aufsehenerregenden Aufent-
halt der ersten weißen Frau
in einem Zen-Buddhisten-
Mönchskloster in Japan
beschrieben. Auf Anregung
der Schüler sind nun diese
»Meditationen aus dem
Geist des Zen« für die in der
westlichen Welt erzogenen
Menschen aufgezeichnet
worden. Die kurze Ein-
führung erklärt den Zen-
Weg, die Wirkung des
Karma, die Schritte der
Erfahrung, die zu gewin-
nende Freiheit, das Ein-
sichtigwerden und die
Umwandlung zur Selbst-
befreiung.

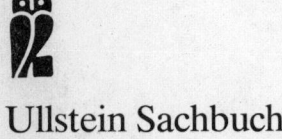

Ullstein Sachbuch

Gert von Natzmer

Auf der Suche nach dem Sinn

Religionen und
Weltanschauungen

Ullstein Buch 34273

Gert von Natzmer, Autor
des philosophischen Stan-
dardwerks »Weisheit der
Welt«, schuf mit dem vor-
liegenden Buch eine weit-
gespannte Darstellung der
großen Glaubenssysteme der
Weltgeschichte – wertvoll
als Anregung, Orientierung
und Diskussionsgrundlage
für alle, die dem Sinn der
menschlichen Existenz
nachspüren.
»Sympathisch ist die klare
Sprache, die, ohne Verste-
henshindernisse aufzubauen,
ihre Sache sagen kann.
Überraschend ist, wie
souverän der Verfasser die
Autoren überblickt . . . und
das Wesentliche herausholt.«
Prof. Dr. E. Leibfried
(Universität Gießen)

Ullstein Sachbuch